优师领航

以其高洁、坚韧、顽强的品质，给人
与启迪。

『竹』工研坊

雅竹园里的特色课程

刘家龙 ○ 著

南京师范大学出版社

图书在版编目（CIP）数据

"亲竹"工研坊 : 雅竹园里的特色课程 / 刘家龙著 .
南京 : 南京师范大学出版社，2024. 6. -- （优师领航）.
ISBN 978-7-5651-6322-7

Ⅰ . G622.3

中国国家版本馆 CIP 数据核字第 2024ZW9319 号

丛 书 名	优师领航	
书　　名	"亲竹"工研坊——雅竹园里的特色课程	
著　　者	刘家龙	
责任编辑	陈　晨	
出版发行	南京师范大学出版社	
地　　址	南京市玄武区后宰门西村 9 号（邮编：210016）	
电　　话	(025)83598919（总编办）　83598412（营销部）　83598009（邮购部）	
网　　址	http://press.njnu.edu.cn	
电子信箱	nspzbb＠njnu.edu.cn	
印　　刷	苏州市越洋印刷有限公司	
开　　本	787mm×1092mm　1/16	
印　　张	14.5	
字　　数	200 千	
版　　次	2024 年 6 月第 1 版	
印　　次	2024 年 6 月第 1 次印刷	
书　　号	ISBN 978-7-5651-6322-7	
定　　价	80.00 元	
出 版 人	张　鹏	

序

南京市六合区竹程小学是一所普通的乡村小学，办学历史40多年，不算悠久；学校规模也不大，师生600多人。这样一所学校，如何在规范办学基础上进一步创新发展，让每个留在乡村的孩子也能够接受较优质的教育？这是竹程小学每个教育人都一直在思索的发展命题。

在困难面前，我们"不等不靠"；在常态面前，我们"勇于否定"。所以，我们清晰地走出了这样一条路：以国家课程实施为基础，创新特色课程教学，形成浓郁的校园竹文化特色，以民俗艺术、科技创新、劳动教育等多个项目的实施来推动学校内涵发展及特色化办学，践行"为培育有根有节之人奠基"的育人目标，努力办一所"小而美"的乡村学校。

正是基于这样的发展命题和对教育深刻的思考，竹程小学在积极探索中孕育出了一个别开生面的教学模式——"亲竹"工研坊特色课程。这一课程模式立足本土文化，在汲取传统智慧的同时，注入现代教育理念，力图构建一个融合知识传授、能力培养与人文关怀的全新教学体系。

"亲竹"工研坊特色课程以"竹文化"为核心，围绕竹子的种植、加工、艺术创造等环节设计了一系列寓教于乐的教学活动。我们引导学生亲手种竹、照料竹林，从小培养他们的劳动技能和环保意识；通过竹编、竹雕等手工艺制作，激发孩子们的创意潜能，提高其动手操作能力；借助现代科技手段，将传统竹艺与创新设计相结合，开阔学生视野，鼓励他们在继承与创新中找到自己的定位。

更为重要的是，"亲竹"工研坊课程不仅仅局限于技能层面，更是深至情感、态度与价值观的培养。我们希望通过"亲竹"工研坊特色课程，使学生们学会从自然中获取灵感，从文化中汲取养分，从而培育出有根有节的人格品质。在这一过程中，每个孩子都能在尊重生命、尊重自然的氛围中成长，无论是身在乡村还是未来走向更远的世界，他们都能够成为既有深厚文化底蕴又具备创新能力的新时代少年。

一、"亲竹"文化的深度建构

在当今时代，教育不仅仅是知识的传递，更是对学生品德、个性和价值观的塑造。基于这样的认识，"亲竹"文化作为竹程小学的教育灵魂，其三大核心内涵——固本树德、风清雅正、济人利物——不仅是校园文化的核心理念，也是实施教学的重要指导原则。

"固本树德以培其根"是教育实践的首要任务。小学阶段的教育应该是一种培养根基的过程，它关乎孩子们生命成长的原点，道德观念的养成。因此，课程的构建注重在学生心中种下善良、正义、责任这些美德的种子，让它们在学生的成长过程中生根发芽，成为他们性格中不可或缺的一部分。通过经典诵读、情景剧演绎等多种形式，学生在感同身受中学习道德规范，在实践中体会道德价值。利用竹子的生长历程来启发学生学习竹子的坚韧与适应环境的能力。通过参与竹林的种植和维护，学生们亲身体会到生长的不易和生态平衡的重要性，从而在具体行动中学习和内化环保意识和责任感。

"风清雅正以化气质"体现了竹程小学对培养学生文雅气质的追求。学校通过创设优雅的校园环境，举办各类文化活动如写竹、画竹、奏竹等，以及开展日常的礼仪教育，引导学生们举止得体、言谈有礼，进而将竹文化内化为自身的性格特征。我们希望每个孩子都能像竹子一样，无论在何种环境中都能保持内心的坚韧和外在的风雅。

"济人利物以塑价值"是塑造学生生命价值观的终极目标，是一种深至教育实践每一环节的行动指南。在校园内，我们深耕"亲竹"文化教育理念，打造了"美创""工创""研创""E创"四大学习领域，旨在为学生提供全面而深入的学习体验，从不同角度挖掘和发展学生的潜能与兴趣。"美创"是竹材工艺美术创意实践的领域，它专注于开发学生的艺术潜能和审美情感。"工创"即工程设计制作创意实践，在这一领域中，学生将参与各类与竹材相关的工程项目。他们不仅学习基础的工程学和设计原理，还要动手制作各种竹制结构或模型。"研创"即创造性科学探究实践，这一领域鼓励学生进行科学实验和探究活动，将对自然世界的好奇心转化为实际的科学知识。"E创"是基于新技术的创意实践，代表着探索前沿科技与竹材结合的可能性。这四大学习领域的设置使"亲竹"课程不再局限于课本知识，而是转向更为主动的、项目式的学习方式。学生在解决实际问题和完成项目任务的过程中，能够深刻体会到竹子的文化价值和教育意义，形成对自然和谐、社会责任和创新精神的深刻认识，培育出未来社会建设者应具备的核心素养。

二、创意课程的扎实落地

"亲竹"工研坊课程建立在深入了解竹子文化与教育意义的基础上，将竹子的生态价值、文化审美和科技创新有机结合，形成了一个富有层次感和递进性的教育模式。

课程之初，便注重激发学生的好奇心和兴趣，以具体的竹艺制作、科学探究等吸引学生参与。这一过程中，不仅仅是传授知识，更是通过体验式和探究式学习让学生亲自动手，从而深化对课程内容的理解。

随着课程的发展，我们逐渐引入更为系统化的学习内容，形成完整的知识结构。这一阶段的重点在于建立学生的学习基础，并在此基础上进行能力培养，如通过工程项目设计制作、科学实验等活动培养学生的实践操作能力和创新思维。

之后，课程进入更高阶的学习样态创新阶段，这一阶段的重点是推动学生将所学综合运用到新的情境中，鼓励学生进行跨学科的创新实践。在这一阶段，学生需要动脑筋思考如何将学到的知识应用到新的项目中，如何利用竹子这一材料解决实际问题，以及如何用现代科技手段来拓展竹材的应用范围。

在课程的实施过程中，我们特别强调核心素养的培养：一方面，通过竹文化的引入，向学生传递核心的价值观和人文精神；另一方面，通过学生亲自动手的创意设计和手工制作等特色活动，培养学生的实践操作能力、团队合作精神和创造力。这些核心素养不仅体现在课程的学习目标上，还贯穿于教学的每一个环节。例如，在竹艺社团活动中，鼓励学生发挥个性，通过创作竹艺术品来表达自我；在"小小竹课题"的研究中，学生们则投身于更加深入的探究活动。这些课题可能围绕竹子的生物学特性、生态价值、文化意义，或是在不同领域的应用等方面展开。在这一环节，学生需要运用观察、实验、分析等科学方法，去研究竹子背后的复杂问题，并提出自己的假设与结论。通过这样的研究过程，学生不仅提升了自己的科学研究能力，也增强了对竹子以及更广泛自然世界的理解与尊重。

在"亲竹"工研坊创意课程中，竹子不仅仅是一种物质，它还是文化的载体、艺术的灵感、科学的探究对象，更是教育的媒介。这里，竹之翠绿编织了一幅幅教育的画卷，描绘着学生们的成长与变化。他们以竹为师，从最亲切的自然出发，体验传统与现代的交融，学习从自然中汲取智慧，并将这智慧转化为动手创作的能力，进而培育出对生活的热爱和对未来的憧憬。在"亲竹"工研坊的浸润下，每一个学生都能在竹的雅致与坚韧中，找到自我成长的轨迹，绽放出个性与才华的光彩。我们期待着这所竹园里的师生们对竹子品性的体悟更深刻，与竹为友的情感更真切；学生"有根有节"之真态与乡村教师"扎根乡村"之美丽能够自然流露与表达。

"野竹野竹绝可爱，枝叶扶疏有真态"是我们最期待的景象！所以我们的方向是明确的，行动是坚决的，未来也一定是美好的！

刘家龙

〔目录〕

第一章

有一种追求叫"成竹"

每一个地域都有它独特的文化符号，在竹程这片丘陵山区，这个符号便是竹子。竹子在这里生长茂盛，给人们带来丰沛的竹林资源，也引发了人们对竹的特殊情感。因此，当地人将这片土地以"竹程"命名，在这里，"成为竹子"不仅是一种比喻，更成为孩子们从小被教育要追求的一种品格和生活态度。

在南京市六合区竹程小学（以下简称"竹小"）的师生眼中，竹子不只是校园里的绿色点缀，它已深深扎根于师生的精神世界，成为一座文化灯塔。学校师生深入探索竹文化的深层意涵，追寻竹子所承载的教育理念，并将这一理念贯穿于校园文化建设的每一环节。"竹小"人清楚地认识到，对文化的追求不应是抽象和泛泛的讨论，而应转化为明确而具体的教育目标，这便是"成竹"。

成竹，即在心中树立起像竹那样的品质与修养。竹，以其高洁、坚韧、顽强的品质，给人以触动与启迪。成竹，不仅意味着追求高尚的道德品质，更是健康发展的内在动力，就是要像竹子一样，无论面对困境还是逆境，都能屹立不倒，挺拔向上。在学校的文化中，"成竹"就是那股强大的动力，让学生们勇敢面对挑战，追求卓越。

"竹小"人，心怀着对竹的热爱，秉持着"成为竹子"的信念，在学校文化建设中努力探索、积极构建。我们相信，将"竹小"的精神深植于学生心中，能够培养出韧性如竹、品格高尚的人才，也能孕育出一个灵魂饱满的校园文化，从而彰显其独特的教育价值。

第一节 一场"成竹"之旅

"成竹",这个看似简单的词汇,却蕴含着深远的意义。成竹,意味着学生们对于自己的成长有着坚定的信念和追求。就像竹子一样,他们要努力成长,扎根于土地,顽强地向上攀爬,不断追求进步。同时,"成竹"也象征着学校对于学生的期待和培养,希望他们能够在未来的道路上茁壮成长,成为社会的栋梁之材。

成竹,更是一种文化追求的象征。在"竹小",竹子是自然界的馈赠,更是一种心灵的寄托。竹的洁净、坚韧中蕴含的哲学思考,启迪着学生们的智慧与美感。他们学习、借鉴竹的品质,追求自己内心的净化与修炼。通过理解竹文化的内涵,他们逐渐建立起自己的人生哲学,以竹为榜样来指导自己的行为和思考。

一、起源与传承——"成竹文化"的历史渊源

"竹小"建校于 1977 年,自 20 世纪 90 年代起,学校创办少年水兵分校,进行了长达 8 年的"城乡联谊、军校共建"教育实验。2008 年起,学校开始重视传统文化教育,并特别编写了《中国古代经典诵读》教材,坚持诵读教学,扎实地培养学生传统文化的根基,赋予他们坚韧、强学和立根的特质。一路坚守,一路芬芳。这里的乡村教师深情厚根于农村,怀着朴素的情怀,为孩子们铺洒知识和教育的阳光。因为竹子在当地的自然环境和人们的日常生活中扮演着重要角色,孩子们对竹子充满喜爱,将其视为亲切的伙伴和游戏的对象。这使得"竹小"开始关注"竹"在学校文化建设中的意义和价值,并深入挖掘竹文化的内涵,以构建有特色的学校文化。

经过十多年的探索与实践，竹成了"竹小"的文化图腾，"竹小"人追求一种与竹相关的教育生活。

（一）对"竹"文化的创新诠释

竹，在中国文化中具有特殊的符号意义。中国文人赋予了竹子广泛而深刻的内涵。白居易在《养竹记》中对竹的文化内涵做了全面的概括："竹似贤，何哉？竹本固，固以树德，君子见其本，则思善建不拔者。竹性直，直以立身；君子见其性，则思中立不倚者。竹心空，空以体道；君子见其心，则思应虚受者。竹节贞，贞以立志；君子见其节，则思砥砺名行，夷险一致者。夫如是，故君子人多树之，为庭实焉。"由此，竹被赋予了"本固、性直、心空、节贞"等人格德性。其次，竹子还与清雅相关。历代文人墨客无不将竹视为"雅物"，并将其作为诗与画的重要主题。同时，竹还有广泛的用途，既可造纸，又能成笔；既可制弓，又能编织；既可食用，又能成药。

由此，我们将竹子的性状概括为固本树德、风清雅正、济人利物，这三点与"竹小"的育人目标密切相关，为学校提供了重要的指导和参考。通过将竹子的性状与学校的育人目标相融合，"竹小"在教育实践中形成了独特的"成竹文化"。这种文化理念将激发学生的学习兴趣和积极性，培养他们的道德品质、艺术修养和社会责任感，使他们成为有着坚韧品格、高尚气质和积极奉献精神的人才。同时，这种文化理念也将传承和弘扬以竹子作为象征的中国传统文化，将竹子的精神内涵融入学校的日常教育和生活中，为学生提供全面发展的机会和广阔的人生视野。

（二）对教育本质的集体认知

教育被认为是一个综合而系统的工程，其中涵盖了对孩子德性的涵化、智识的培养、气质的养成等多个方面。在"竹小"的教育理念中，将固本树德、风清雅正、济人利物作为"成竹文化"的核心内涵，正是对上述教育本质的深入理解。

首先，固本树德意味着对孩童德性根基的培养。通过德育教育和榜样的引领，学校致力于培养学生品格修养，使他们具备正直行为和坚定信念，成为有责任心和良好道德素养的人。其次，风清雅正强调对孩子气质的养成。学校通过培养学生的审美能力和艺术修养，将他们引至对美的追求，培养学生的自信从容和与人相处的能力，使他们在社交场合中展现出风清雅正的形象。最后，济人利物强调孩子对于社会和自然的价值认知与贡献。学校通过培养学生的智识和能力，启迪他们认识到自己的使命和责任，激发他们对社会的贡献意识，培养他们的社会责任感和有益于人类社会的行动能力。由此可见，"成竹文化"所涵盖的固本树德、风清雅正、济人利物三大内涵与教育的本质完美契合，表达了我们对教育的深刻认识和理解。

（三）对教育理念的汲取与发展

绿色教育的本质是以人为本、以生为本、以学为本、以发展为本，尊重教育规律和学生身心发展规律。绿色教育在教育目标上是实现人类、自然、社会的和谐发展；在教育主体上是科学教育和人文教育的交融，培养科学和人文的精神，追求教育的灵性，关注于人，关注学生的素质发展，培养良好的教育生态环境，促进学生的不断持续发展。[1] 根据绿色教育的观点，教育首先要尊重孩子的生命成长。作为生命成长的文化，"成竹文化"与绿色教育的理念高度契合。从这个角度出发，我们将教育看作完善生命过程的一部分，将其视作一个自然、自主、和谐、共生和可持续的过程。

在实施教育过程中，"竹小"始终注重对生命自然成长的尊重，不破坏、不打断生命的天性，让生命按照自身的发展规律自由成长，从而实现其真正的价值和潜能。因此，"成竹文化"被视为一种促进生命成长的文化。

生命的成长不仅需要丰富的智识，还需要健全的人格和良好的习惯。因此，在教育中，学校特别关注学生人格的完善和习惯的塑造。这与养成

---

[1] 张同祥：《走向绿色教育》，湖北人民出版社 2016 年版，第 28-31 页。

教育所倡导的习惯培养完美地契合在一起。通过积极的教育实践，学校致力于培养学生良好的品德和道德观念，引导他们养成积极向上、坚持不懈的品德，培养他们的自律能力和良好的行为习惯。这种综合性的教育理念，既关注了学生智力的发展，又注重了性格和生活习惯的培养，使学生在充分发展自身潜能的同时，也能够适应社会的需求，成为栋梁之材。

（四）对当地文化特色的提取

"竹小"坐落在南京市六合区北部农村丘陵山区，这里是竹子的天然生长地，竹子随处可见，且已经深深地融入了当地居民的生活之中。在这里，竹子不仅被用来制作精致的小工艺品，还被广泛应用于家居器具的制作，展现出极大价值。因此，竹子已成为当地地域文化心理的重要组成部分。而我校校名中恰含有"竹"字，故此学校将"竹"提炼为学校的文化符号，以竹子的人格精神来概括学校的文化内涵。这样做既能恰当地反映出当地文化的特色，又准确地表达了地区文化心理。

竹子作为学校文化的象征，寓意着学生在学校学习的过程中，像竹子一样茁壮成长，保持着正直、坚韧和谦逊的品质。竹子的形象也象征着学生具备高尚的气质、文雅的举止和积极的奉献精神。同时，竹子还具有顽强的生命力和适应力，这也与学生要具备的坚强精神和适应能力紧密相关。

通过将竹子作为学校文化的象征，"竹小"向学生传递了独特的文化理念，引导他们在学习和成长中保持正直品质、优雅气质和积极向上的奉献精神，而且彰显并推广了中华优秀传统文化的精髓。竹文化在当地生活中的融入，不仅传递了深邃的文化意蕴，更为"竹小"注入了独有的精神韵味，形成了学校鲜明的文化特色。

二、人格与品质——"成竹文化"精神的核心价值

"成竹文化"精神的核心价值体现了人格的塑造和品质的培养。作为学校的核心文化，它注重培养学生的德性和实践能力。通过"成竹文化"的引领，学校致力于在学生心中播下美好品质的种子，培养他们具备高尚

的品德修养、坚定的人生目标和积极的社会责任意识。在这种文化的熏陶下，学生将学会尊重他人、自律自爱，培养对社会的关怀之情和责任感。

（一）固本树德以培其根

"成竹文化"既然是生命成长的文化，它必然将教育视作对生命的培植与完善。而小学教育作为人生正式教育的开始，具有极其重要的意义。它应是一种根基性的教育，是塑造孩童生命之基、德性之根的教育。它包含了对于孩子坚毅的性格、谦虚的品性、正直的人格等多维度的塑造。而"固本树德"及其所包含的"坚毅有恒、虚心进取、正直不阿"等品质恰是"竹"所具备的人格性状。因此，将"固本树德以培其根"作为学校文化的核心内涵之一，既是对小学阶段教育本质的反映，也是对竹文化特性的一种表述。

（二）风清雅正以化气质

"雅致"一直是竹在传统文化中的重要标签，而教育恰是"琢玉"的过程，它不断磨砺人们与生俱来的种种习气，将一个璞玉般的孩子打磨为一个举止优雅的小绅士。因此，"竹小"将"风清雅正以化气质"视为学校文化的第二个内涵，意图通过养成教育、礼仪教育等将孩子们塑造为彬彬有礼、举止文雅、谈吐不鄙的小君子。

在这样的文化氛围中，学校将致力于通过涵养教育和礼仪教育，引导学生在言谈举止中展现出风度翩翩、举止得体的仪态风采。同时，学校还将推崇并倡导孩子们培养雅致的兴趣爱好，如绘画、音乐、舞蹈等艺术形式，以培养他们的情操、陶冶他们的性情，使之内外兼修，文质彬彬。

这样的文化理念旨在让学生在学习、生活中都能够彰显出高尚的教养和修养，具备与人为善、懂得尊重、重视礼貌的综合素质。同时，也期许他们在面对未来的社会和人际交往中，能够展现出自信从容、温文尔雅的仪态和风度，成为社会中受人尊敬与喜爱的一员。

（三）济人利物以塑价值

生命的完善离不开对于自身价值的塑造。教育的重要目标即是塑造学生的生命价值，使其成长为有益于社会、有益于家国，能济人、能利物的栋梁之材。基于此，我校将"济人利物以塑价值"作为学校文化的第三个内涵，以此体现对学生智识、才能等价值的塑造。从这一视角出发，我们将培养学生智识、塑造其个体价值作为学校文化的核心构成。这一提法恰好与竹子济人利物、用途广泛的性状相一致。

总而言之，"成竹文化"在学校中得到了全面的实践与推广。学校通过注重培养学生的德性和实践能力，塑造他们坚毅、谦虚、正直的人格和举止文雅、优雅的气质，教育他们关爱他人、关注社会，努力培养出具有高尚品德、积极向上、有价值观念的优秀学生。这种"成竹文化"的实践将成为学校培养学生全面发展的重要保证，让每个学生都能在这个理念下实现个人成长和体现社会价值的双重收获。

三、追寻成竹——"成竹文化"的实践与推广

"竹小"以"成竹"精神为核心，通过培育"成竹"精神、塑造"成竹"品格、提炼"成竹"智慧和养成"成竹"行为，全面实践着"成竹文化"。学校以竹子为榜样，引导学生在成长过程中扎根发展，追求个人成长与道德修养的完美结合。通过各种活动和教学形式，学生逐步领悟"成竹"之义，培养自律能力和创造力，成为内心坚韧、行为正直的社会栋梁。

（一）"成竹文化"的实践

1. "成竹"精神的培育

在"竹小"，"成竹"精神是教育实践的核心。学校通过设计各种活动，如竹游戏、竹学具、竹乐器、竹烹饪等，培养学生像竹子一样坚韧与有毅力。学生们在克服困难、面对挑战的过程中，学会扎根于土地，勇往直前地追求个人成长和发展。

2. "成竹"品格的塑造

"竹小"注重学生品格的培养，将诚实、宽容、谦逊等品质融入日常教学中。通过课堂讨论、角色扮演和社会实践活动，引导学生学习竹子的正直和坦诚，促使他们在与人交往中展现出这些优秀品质。

3. "成竹"智慧的提炼

学校鼓励学生从竹子的生长过程中汲取智慧，比如通过观察竹子如何在恶劣环境下保持生长，来理解适应变化和持续发展的重要性。此外，通过书法、绘画和其他艺术形式，学生深入探索竹子的文化意蕴，从而培养审美感和创造力。

4. "成竹"行为的养成

"竹小"重视将"成竹"理念转化为学生的日常行为。学校通过设立榜样示范、制定行为规范和开展自我管理训练，帮助学生形成自律、自省的习惯，以实现个人的全面发展和对社会的良好适应。

（二）"成竹文化"的推广

为了将"成竹文化"融入学校的日常教育和管理中，"竹小"采取了积极的措施，推动文化的实践与推广。学校注重培养学生对竹文化的理解与认同，通过开展各种竹文化教育活动来增进学生对竹文化的了解。例如，学校组织竹艺制作和欣赏的活动，让学生亲自参与竹艺品的制作过程，深入感受竹文化的魅力。通过这些实际的体验，学生们能够更加深入地了解竹文化的内涵，并将其融入自己的生活和行为中。

除了在学校内部进行竹文化的推广，"竹小"还积极与社区、其他学校和相关机构合作，开展研讨会、交流活动等，进一步弘扬"成竹文化"。通过与外界的合作与交流，学校能够拓宽影响范围，将"成竹文化"推广至更广泛的地区和人群。这样的合作与交流也能够促进不同学校间的互相借鉴与学习，推动竹文化在区域范围内的传播和推广。

"竹小"希望通过这些努力，将"成竹文化"转变为一种普遍的共识和行为准则。学校秉持着让每个学生都能亲身体验和感受"成竹文化"的魅力的信念，努力让学生们在感受和实践中逐渐形成独特的人格和价值观念。通过"成竹文化"的探索过程，学校希望为学生们打下坚实的基础，让他们在未来的发展中能够拥有独特的个性和深厚的文化底蕴。

第二节　竹韵校园之趣

　　校园环境是学生学习和成长的重要场所，对于培养学生的意识和品质起着重要的影响。在"竹小"的校园环境建设中，"竹"作为主题和元素发挥了重要的作用，营造出了独特的竹林绿意。

　　学校通过将"竹"这一传统文化元素融入校园景观设计中，打造了一片生机盎然、清新雅致的校园环境。在校园的各个角落，可以看到竹制艺术品、竹编景观、竹韵小品等，这不仅为学生提供了与自然亲近的体验机会，也激发了他们对文化传统的认同感与情感共鸣。

　　竹林绿意的校园环境也为学校注入了独特的文化氛围，激发了学生对中华传统文化的好奇心和热爱之情。在这样的文化氛围中，学生将更加自然地接触和了解中国传统文化，潜移默化中培养起对传统的热爱和尊重之情。

一、竹韵雅致，营造独特的人文校园文化

　　"竹小"注重校园文化的建设，以学校的教育理念和独特文化特色为基础，融合南京市园林式校园创建标准，将校园环境文化定位为雅致校园。这一定位旨在通过校园文化的落地，实现以学校办学理念为核心，以师生为主体，以创造性教育为主要内容，以校园为展示空间的文化体验。

（一）生本性

　　学生是校园文化的主体，因此本校校园文化建设最重要的原则即是生本性。从孩子的实际需要出发，建设符合学生习惯和需要的校园文化。一是在校园文化的总体风格上体现孩子的需求，在色彩选择、样式确定、表

现形式等方面以学生喜闻乐见的方式呈现。二是在校园文化的主题设置上体现孩子的特征，使校园文化既具故事性，又具趣味性。三是在功能设置上关注孩子的特点，使整个校园文化与学生产生功能性的互动，而非呆板单一的展示。

学校在校园文化建设中更注重体现学生的需求和特点。在总体风格上，在建筑装饰、校园绿化、标识标语等方面，融入竹文化元素，并以明快活泼的色彩、简洁清新的样式呈现，符合学生对于校园环境的活泼向上、新颖独特的喜好。在主题设置上，以竹子的成长故事、竹文化的传承续写等为主题，通过校园文化墙、图书馆布置、主题活动等形式，让学生在欣赏校园文化的同时，也能感受到其中蕴含的故事和趣味，激发对文化的兴趣和情感共鸣。在功能设置上，设计与学生互动紧密的校园文化功能空间，如竹韵教室、竹文化角落等，让学生能够更加直接地参与到校园文化的传播和互动之中，从而增强对学校文化的认同感和持久参与度。

（二）人文性

人文性主要体现在校园文化主题设定上。在主题提炼上，重视选取能够反映学校教育理念和办学特色的文化故事、经典名言。例如，礼仪教育是"成竹文化"的重要内容，因此在校园文化建设中，将礼仪教育的内容分门别类地贯穿到校园的各个角落，让孩子在课堂之外，仍能感受到校园文化的教育意义。

通过在校园的装饰、标语、海报等元素中融入礼仪教育的内涵，比如展示优美的仪态、标语来提示尊重礼仪，学校能够使学生在日常生活中不断接受关于礼仪教育的正面引导和潜移默化的影响。同时，学校还通过举办各种主题活动（如礼仪仪式训练、礼仪文化沙龙等）来加强学生对礼仪教育的理解和领会。

此外，学校还通过文化周、主题讲座、校园展览等形式，将礼仪教育与文化传统相结合，引导学生从古代文人的仪态风范中汲取养分，感悟中华传统礼仪之美，以此弘扬中华礼仪文化，激发学生对传统文化的兴趣和热爱。

（三）独特性

校园文化是学校特色最直观的反映。因此避免校园文化建设的千校一面，是建设个性化学校文化的重要一环。"竹小"在校园文化建设过程中，充分重视对"成竹文化"这一学校特色的表达，力求从纵向与横向两个维度，分别体现竹趣与竹品两大内容。竹趣部分可以用有关竹子的诗、画、故事等内容填充，竹品部分可以用竹子的各种品性来充实。前者表现竹的具体形象，后者表达成竹文化的具体内涵。

在竹趣的表达上，学校通过校园景观、建筑装饰、文化墙画等形式，体现竹的文化内涵。比如，在校园的景观规划中可以设计竹林小径、竹影幽篁的景观点，展示竹的清新雅致；在校园文化墙绘制上可以选择经典的竹子诗词和绘画，让学生在校园中感受到竹的诗意和韵味。同时，通过举办竹文化节、竹趣艺术展等活动，让学生近距离地参与其中，以丰富多彩的形式让学生感知竹文化的魅力。

在竹品的表达上，则从竹的坚韧、质朴、谦逊等品性入手，引导学生了解竹文化的内在含义。学校可以通过组织讲座、戏剧表演、手工制作等形式，向学生传递竹文化所蕴含的品格修养与情操。同时，学校还可以开设相关课程或举办主题系列活动，引导学生领会竹的品质与精神内涵，激发学生对"成竹文化"的关注和认同。

（四）系统性

系统性是校园文化建设的另一原则。学校在校园文化建设过程中，首先进行系统的规划：将"悟竹"作为校园文化整体规划的大主题，再在主题下分层设置知竹、品竹、乐竹等几个小主题，再在其下分设若干细化的小主题。通过大主题的整体规划、小主题的分层呈现，让整个校园文化浑然一体，从而使校园的每个部分各有其特点，而所有部分又相互关联，进而形成一个完整、统一的大系统。

在实际操作中，学校可以通过校园环境设计、教学活动、课程设置、学生社团、校园活动等多方面的整合，将"悟竹"主题贯穿于校园的方方面面。比如，在知竹主题下，可以开设相关的课程、建立相关的社团，营造知识性、学术性浓厚的学习氛围；在品竹主题下，可以注重学生品格修养、道德素养的培养，通过各类活动引导学生树立正确的人生观、价值观；在乐竹主题下，可以注重学生身心健康的培养，开设形式多样的校园文化艺术活动，丰富学生的课余生活。

通过这样的规划和设置，学校将形成一个多层次、多元化、有机结合的校园文化系统，使得校园的每一处都能体现出"悟竹"主题的内涵，各个主题之间相互关联、相得益彰，最终形成一个完整、统一的大系统。这样的系统性规划不仅能够提升校园文化建设的整体性和连贯性，更能够为学生营造一个全方位、立体化的成长环境，推动学生成长成才的全面发展。

二、竹韵绽放：打造独具竹文化特色的园林校园

竹文化作为中华传统文化的重要组成部分，代表了坚韧、谦逊、自强的精神，以及生命的力量与生机。"竹小"希望通过将竹文化融入校园建设中，为学生们创造一个独特的学习和生活环境。"竹小"重视校园文化环境建设，并站在物型课程观的高度来规划设计，投入 200 多万元进行校园"四园一墙一广场"等建设，加强竹编坊、雕刻坊、劳技室、烹饪体验房、"亲竹"文化馆、无人机创客室、基于物联网技术的竹种植园等多个资源室馆建设。

我们相信，竹文化将成为校园文化的重要元素，激发学生们的创造力和独特的审美触觉，为他们的成长与发展提供丰富的精神滋养。

（一）"幽篁百品、翠竿累万"的幽美环境

"竹小"在建设南京市园林式校园的过程中，十分重视"竹"文化特征的体现与植入，让竹成为校园主要的绿化植物。学校栽植了佛肚竹、锦

竹、斑竹、矢竹、箬竹、鹅毛竹等40多种竹子，已初步形成了"幽篁百品、翠竿累万"的场景。漫步校园，或坐或立，或行或止，无处不可赏竹、悟竹。竹根之茂，竹节之坚，成为立体而直观的教材。不需要语言，师生即可感受竹文化的生动内涵。"雨洗娟娟净，风吹细细香"的竹林雅苑成为竹特色课程的重要呈现方式和构成（见图1-1至图1-3）。

图1-1 四君子园

四君子园以四种具有高尚品质的植物为主题，分别是竹、梅、兰、菊。这四种植物在中国传统文化中被赋予了崇高的品德象征，分别代表着坚韧、廉洁、高洁和正直。

在四君子园中，竹子被布置成独特的造型，象征着坚韧不拔的精神。梅花则以其纯洁和坚毅的特质，成为园内一道吸引人的风景线。兰花则被安排在园区的角落，给人以清新和高雅的感觉。菊花则在园区的中心位置展示，象征着正直和忠诚。四君子园不仅仅是一座景观建筑，更是一种精神的象征。通过观赏和体验这四种植物所代表的品德，同学们可以受到潜移默化的影响，培养自己的道德修养和人格魅力。

图 1-2 竹娃园

"竹娃园"为一座景观长廊，长廊的设计非常对称，两侧放置着两座雕塑，它们是由竹子制成的"快乐竹娃"。这种设计与学校的"竹娃"素质评价文化完美地融合在一起。长廊的景观与学校的文化相互辅助，彼此相得益彰。无论从哪个角度观赏，都能感受到这种融合所带来的愉悦与和谐。

图 1-3 学生在校园竹林中开展活动课程

（二）"四园一壁一广场"景观建设

学校从"成竹文化"三大内涵出发，按《"成竹"特色文化校园景观建设方案》，先后建成了雅竹园（见图 1-4）、三友园（见图 1-5）、竹趣园（见图 1-6）、绿静园（见图 1-7）、竹文雅集墙（见图 1-8）、悟竹广场（见图 1-9）等景观，为师生打造了一个沉浸式的学习环境。

图 1-4 雅竹园

雅竹园以雅致的竹林为主题，打造出优雅宁静的氛围，展现了竹子的独特美感和文化内涵。此处设计一座中式景观墙，白墙灰瓦，中央拱门上方为"雅竹园"牌匾，拱门两侧为"竹"主题彩绘画。景墙前面场地左侧为郑板桥雕塑，右侧为太湖石。穿过景墙，散布几处石桌凳休憩场地，汀步相连。场地四周有竹子包围，竹中有园。入夜时分，月光穿过竹林，斑驳地洒在地面，薄雾起时，又如笼一团轻烟，不禁令人想起"筛月牵诗兴，笼烟伴酒杯"的诗句，颇有一番意味，故以"筛月笼烟"作此之主题。

图 1-5 三友园

　　三友园以传统文化中的"三友"——松、竹、梅为主题，通过精心设计的景观布局，展现了这三种植物的高洁品质和人格特征；搭配各式景观石，成为一处具有丰富文化内涵的景观花园，意蕴竹娃们与松、竹、梅为友，学习美好品性。《论语》中有"益者三友：友直、友谅、友多闻"一语，将此处命名为"三友园"，也有倡导师生与益者为友的含义。园内的松树、竹子和梅花相互辉映，形成了一幅意境深远、儒雅清高的画卷。

图 1-6　竹趣园

　　竹趣园位于学校操场的西北角，是一个以竹文化为主题的园林景观。园内布置了关于竹文化的民俗活动雕塑，如"竹节舞"和"抖空竹"，以展示竹艺的独特魅力和技艺。同时，在雕塑的背景处孤植了一株大乔木——朴树，为整个园区增添了气势和庄重感。

　　竹趣园的设计灵感来源于中国传统文化中对竹的赞美和喜爱。园内的景观布置以竹为主要元素，通过不同种类和形态的竹子创造出多样性的景观效果。园区中种植了不同品种的竹子，如金明竹、箬竹、苦竹等，展示了竹子的不同特色和用途。

图 1-7 绿静园

绿静园位于校园入口东侧，绿地内摆放学校特色雕塑"希望之星"及"绿静园"景石。远观此园，如校园中一岛，如水中绿汀，睹之使人心生静，故命为绿静园。另外，绿是希望的色彩，静是学习的心态，因此，"绿静"也含有希望与静学之意。

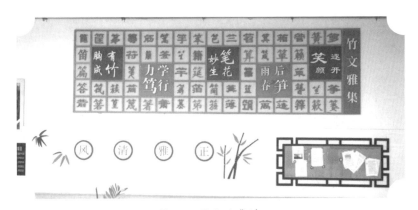

图 1-8 竹文雅集墙

竹文雅集墙设置在慧竹楼一楼走廊内，将汉字文化与"成竹文化"理念创造性融合地设计此处景观。文化墙版块除标题外共有汉字80个，其中竹部首汉字 65 个。墙下布置软木扎板，展示学生对"竹文雅集"研究性学习的成果，发挥文化育人功能，显现校园文化景观建设本原价值追求。

图 1-9 悟竹广场

　　校园中心广场命名为"悟竹广场"，兼顾通行、驻留、文化展示功能。广场设计涌泉水景，景观墙后栽种慈孝竹、锦竹、平安竹。广场大理石地面刻有"直""廉""韧""贞""静""雅"六个意寓竹内涵的金色大字。南侧雪松，伸腰立枝，挺拔茂盛；东侧龙柏，舒展枝叶，毅力顽强。她们如墨一般深绿，她们与学校同龄成长，她们纵裂的皮纹中彰显着学校历史的沉淀。学校以"悟竹"为文化纲要，倡导师生体悟竹的文化内涵，学习竹的品格。

（三）"三楼一馆一坊"的楼馆文化构建

　　"竹小"的建筑设计以 Z 字形联体的形式呈现，包括新综合楼、教学楼、老综合楼和食堂。为了给每个建筑赋予独特的意义和氛围，我们给它们起了以下名称：润竹楼（教学楼）、慧竹楼（新综合楼）、启竹楼（行政楼）和品竹馆（食堂）。这一构建是基于"成竹文化"的理念，旨在为每个建筑赋予独特的意义和氛围，以营造一个浓厚的文化氛围和校园特色。

　　其中，润竹楼廊道设计围绕学校"成竹文化"核心内涵展开：一层廊道总括说明竹文化的三大内涵。二层以固本树德为主题，以"君子比德与竹焉"作纲领，提炼"直、廉、韧、贞、真"五字为竹子的五种德性，将其布置在五个教室外墙，每一德性下配一首相关的古诗。三层以风清雅正为主题，以"可使食无肉，不可居无竹。无肉令人瘦，无竹令人俗"一诗作纲领，提炼"静、雅、清、正、淡"五字为小主题，表现风清雅正的五大方面，每一主题下配一诗。四层以济人利物为主题，以"衣食住行用，处处竹相连"一诗作纲领，按竹的用途划分五个主题——乐、书、器、食、赏，每一主题下分别配备了一个相关器物的介绍。

慧竹楼四个楼层的主题墙设计内容是：一层为竹娃成长文化，二层为竹课程文化，三层为绿色课堂文化，四层为文化核心理念。它们以中式古典风格呈现。

启竹楼以"因为感动，所以才珍贵"一语作为墙面主题语，以电影胶片（插照片）的形式来记录学校建校以来的历史，使整个墙面充满沧桑感。每一段胶片都标有年份，记录学校发展过程中重要事件发生的时间及内容。

"一馆一坊"为竹文化展览馆和竹创工作坊。竹文化展览馆集传承传统文化、陶冶性情、展示文化实践功能为一体，以实物、文字、图表等为呈现形式，兼顾"互联网＋"技术引进。

学校于 2017 年建成竹文化展览馆，按"世界竹资源分布与发展""竹的生长形态""竹与建筑、武器、交通""竹与乐器、药食""竹与农业、手工业""竹与精神文明"等分布展区，以实物、文字、情境画面等形式呈现，集竹知识教育、竹文化传承、陶冶性情等功能于一体。

这个展览馆不仅仅是一个教育场所，更是一个竹文化传承的平台。它通过展示竹的多样性和广泛应用，让人们深入了解竹的重要性和价值。学生们可以在这里学习有关竹的知识，了解竹在不同领域的作用，并且可以欣赏到竹艺品和竹编作品的独特魅力（见图 1-10、图 1-11）。

图 1-10 竹文化展览馆

图 1-11 竹文化展览馆一角

此外，竹文化展览馆还展示了"竹小"的"成竹"特色文化建设的掠影。通过图片展览的形式向大家展示学校在"成竹文化"建设历程中的大事件，呈现教师的课堂教学案例和学生的优秀作品，充分彰显学校特色文化建设的成果（见图 1-12）。

图 1-12 "成竹"特色文化建设掠影墙

竹创工作坊是给孩子进行竹雕刻、竹编织、创意实践的工作坊，为学生提供新的学习空间与资源，让学生实现"做中学"，培育实践创新素养，感受竹子济人利物的价值。

在工作坊中，学生可以亲手感受竹子的质感和可塑性，意识到传统工艺的珍贵和可持续性，通过雕刻、编织等方式，创作出一幅幅独特而精美的竹艺作品（见图 1-13）。

学生在这里，以竹节、竹筒、竹鞭、竹枝、竹叶、竹箨等为主要材料，综合运用所学到的科学、数学、美术等多学科知识点，运用简单的木工、电工等工程技术完成实践操作，实现用手思考，促进思维的深度发展，带动学习方式变革。

图 1-13 竹创工作坊

为了丰富竹创工作坊的内容和提供专业指导，学校聘请了当地乡村编织艺人担任馆长。馆长具有丰富的竹编技术和经验，在竹创工作坊中扮演着重要的角色，能够向学生传授竹编的技巧和知识，并通过实践活动来帮助学生掌握创作的技能和激发灵感。

（四）班级文化建设

良好的班级文化可以促进班级凝聚力和团结力的形成，提升学生的主体意识和集体荣誉感，同时也有助于培养学生的良好价值观和积极向上的行为规范。

1.给班级起一个与竹子相关的名称，如"翠竹班""青竹班"等，以突出班级的主题。同时，设计专属的班级标识，可以是竹子的图案或符号，用以代表班级的独特身份。

2.植物角（绿植区）：配有介绍小卡、观察记录表，让学生在体验养护植物的同时可以深入地了解植物的生长规律和生命成长过程，培养他们的观察能力、动手能力和对自然的热爱。这不仅有助于班级文化的建设，还能促进学生的综合素质发展。

3."竹娃"展示区：在班级黑板报区域的设计中，我们特意设置了一个"竹娃"展示区，旨在激励班级同学们取得优异成绩和良好表现。这个展示区以竹子和竹林为主题，在设计上运用竹子的形态和线条勾勒出可爱的"竹娃"形象，给人一种朝气蓬勃的感觉。

这个"竹娃"展示区主要用来记录学生们在各个方面的获奖情况，包括学科竞赛、艺术表演、体育比赛等。每当有同学取得突出成绩或受到表彰，我们都会在黑板报上贴上一个可爱的"竹娃"形象，并注明获奖的内容和日期，以表彰他们的努力和成就。

4.竹课题研究区：班级墙上有一个专门为竹子研究而设立的区域，每个班级将确定一种竹子作为研究对象。这个区域会为每种竹子准备一个专门的展示区，其中包括竹子的照片、标本和相关资料。

在这个研究区中，学生们将从植物外形、生长地域、生活习性等多个方面进行研究和了解。他们会观察竹子的生长状态，记录竹子的高度、叶片形态和颜色等特征，借助图表展示竹子的外形特征变化。同时，学生们也会研究竹子的生长地域，了解各种竹子分布在不同地区的情况，探讨其适应能力和生长习性。此外，学生们还会探索竹子的生活习性，如其对水分和光照的需求、繁殖方式等，进一步了解竹子的生命特征。

通过竹课题研究区的设置，学生们将深入了解竹子，了解植物的多样性和生态学特点。这样的研究活动不仅能够培养学生的科学研究能力和观察力，还能增强他们对自然世界的关注和认识。此外，这种集中研究竹子的方式也有助于激发学生的团队意识和合作精神，促进他们之间的交流与合作。

"竹小"以竹子为核心，借助其独特的形态和文化内涵，打造了一个既充满自然之美又融入学校文化的绿色乐园。每一个角落都仿佛有着自己的故事，将校园装点得生机盎然，象征着希望、成长和力量。

第三节　培养有根有节之人

办学目标是学校更深层次的办学理想，它是学校行为的准绳，是学生、教师以及学校的行为方式及发展目标。自 2015 年开始，"竹小"非常重视审视学校的办学历程，结合学校的核心理念——"成竹文化"，明确提出了学校的育人目标：为培育有根有节之人奠基。这一目标的提出，旨在培养学生健康成长的同时，注重发展其道德、性情和价值观。

其中，"根"指的是人生命成长的根基。生命之树只有具备坚实的根基，才可能有茂盛的未来。而个体的生命之根应包含多维度、多方面，根据"成竹文化"的内涵，"竹小"强调"道德、性情和价值"的培养。道德教育旨在引导学生树立正确的道德观念，形成良好的品德和行为习惯；性情教育关注培养学生积极向上、开朗豁达的性格特点，使其能够适应社会的各种变化与挑战；价值教育则着重培养学生正确的价值取向，使其具备独立思考和判断的能力。我们要培养的有根之人，即是具备德性之基、礼仪之基、价值之基的完善的生命体。德性之基指的是培养人的道德品质和行为准则，使其具备高尚的品德和道德观念，懂得如何正确面对各种情境和挑战。礼仪之基是指培养人的社会交往能力和行为规范，使其具备良好的社交礼仪和行为习惯，懂得如何与他人相处并展现尊重与关爱。价值之基是指培养人的正确价值观和人生观，使其具备正确的价值取向和对生活的正确态度，能够明辨是非、善恶，追求真理、美善和正义。

"节"指操守与气节，它体现的是个体对生命德性的坚持，对自我价值观的坚守。所谓的"有节"是指个体能够像竹子一样保持坚韧，始终如一地展现正向的生命之性。竹子作为生命的象征，具有顽强的生命力和坚韧的品质。无论面临多大的风雨和挑战，竹子都能屹立不倒，保持自己的独特魅力。不论在何时何地，"有节"的人都能坚守内在的德性，始终坚守做人的根本与原则。他们拥有坚定的内心和强大的意志力，在面对困难和逆境时，能够保持冷静和坚毅，永不放弃。他们能够在人生的旅途中展现出竹子一样的坚韧和生命力，成为社会中真正值得尊敬和借鉴的榜样。

通过将"根"和"节"贯穿于学校的教育实践中，"竹小"致力于培养有根有节之人，为每个学生的全面发展和未来的成功奠定坚实的基础；同时，也秉承着学校的核心价值观，为社会培养出更加优秀、有责任感、有担当的新一代人才。

"奠基"是"竹小"对自身教育使命的定位。我们认为，小学教育又称为"基础教育"，恰是由其教育使命所决定的。小学教育是孩子进入正式学校教育体系的第一个阶段，是个体生命教育的初始阶段。这必然要求小学教育是一种奠基性的教育，是为生命之树向上生长培养根基的教育。基于这一认识，我们将为生命发展奠基作为根本任务。

从以上认识出发，"竹小"将"为培育有根有节之人奠基"作为办学目标，从引领生命、完善生命的视角开展教育。我们相信每个学生都具备无限的潜能和内在的善良之性，只需要得到正确的引导和培养，就能真正展现出自己的价值与魅力。

在"为培育有根有节之人奠基"办学目标的基础上，"竹小"进一步提出了更加细化的课程育人目标。这些目标旨在培养学生的全面素养，让他们在不同领域展现出有根有节的品质和价值观。

一、如竹正直：德行之根

"固本树德"是学校文化的第一内涵，基于此，我们将"如竹正直"定为雅正少年的第一特质。《易经》有言："童蒙养正，圣功也。"培养学生正直的品格，引导其向方直中正的道路上行走是童蒙教育中十分重要的工作。正直同时也是个体德性的基础，首先具备正直的品性，才谈得上其他道德品质培育。所以我们可将正直视作树德之始，德性之本。而正直恰也是竹的一大品性，白居易在《养竹记》中讲道："竹性直，直以立身；君子见其性，则思中立不倚者。"因此，学校将"正直"写入学生文化，恰是学校文化在学生层面的表达。

首先，注重培养学生的道德观念和行为准则。通过道德教育课程和日常生活实践，引导学生认识到正直的重要性，明白如何正确对待自己和他人。通过教授真实的案例、激发学生的道德思考和讨论，帮助他们树立正确的价值观，并勇于坚持自己的信念，不受外在因素的干扰。

其次，正直是人格塑造的基石。在学校的各个环节中注重引导学生做到言行一致、诚实守信。鼓励学生诚实面对自己的错误和缺点，勇于承担责任，并通过正直的行为来修正和改进。给予学生公正而明确的评价和反馈，帮助他们意识到正直对于个人成长和发展的重要性，并激励他们积极改变和进步。

此外，正直的品质还反映在学生的人际关系中。鼓励学生在与他人交往中坦诚、宽容和善良，建立互信与尊重的关系。通过积极的互动和合作，学生能够培养出真诚沟通的能力、团队精神和合作意识。他们能够理解并尊重他人的不同观点和背景，建立和谐的人际关系。

二、好竹虚心：养智之根

《养竹记》对竹之品质总结道："竹心空，空以体道；君子见其心，则思应虚受者。"清人戴熙亦形容竹子的品性为："心虚根柢固，指日定干霄。"可见竹子"心虚"的这一文化品性已取得了广泛的认同。"虚心"也正是学生不断突破自我，在进学修身上不断前行的必要条件。因此学校用"虚心向上"来表达学生文化的另一侧面，以期孩子们在成长过程中能养成这一美好品质。

首先，鼓励学生保持开放的心态，愿意接受新的知识和观念。我们教导学生要有好奇心和求知欲，不断追求知识的深度和广度。通过创设积极的学习环境和丰富的学习资源，激发学生的学习兴趣和动力。鼓励学生积极提问、探索和思考，培养他们的批判性思维和创新能力。

同时，虚心意味着学生要勇于接受挑战和承认自己的不足。我们教导学生要有勇气面对自己的错误和失败，并从中吸取教训。鼓励学生勇于尝试新的事物和接受反馈，不断改进自己的能力和表现。相信通过不断的学习和成长，学生能够逐渐发展出坚定的内心和自信的态度。

好竹虚心还体现在学生与他人的交流和合作中。我们鼓励学生尊重他人的观点和意见，愿意倾听和沟通。通过接触不同的人和文化，学生能够拓宽自己的眼界和视野，丰富自己的思维模式和提高认知能力。我们组织学生开展团队合作和项目实践，培养学生的合作意识和团队精神，培养他们具备良好的人际关系和领导能力。

三、慕竹优雅：性情之根

"风正清雅"的学校文化内涵，使我们更加重视对于学生优雅品性的培植。因此，我们在育人过程中关注对孩子粗野秉性的打磨，注意塑造其文雅有礼的举止。然而，这种塑造并不以牺牲孩子的灵动天性为代价，文质之"质"即指学生的本然天性。文质彬彬的学生文化应是既注重对孩子礼仪的训练与塑造，又重视对其灵动天性的呵护与扶持。

首先，注重培养学生的修养和礼仪。教导学生要学会与人为善，学会尊重他人的感受和意见，并展现出恰当的礼貌和谦逊。通过礼仪教育和实际操练，帮助学生掌握社交场合中的得体行为和言谈举止，培养他们拥有良好的社交能力和人际关系。

其次，慕竹优雅还体现在学生对艺术和美的欣赏上。引导学生欣赏文学、音乐、绘画等艺术形式，培养他们的审美能力和艺术鉴赏力。鼓励学生积极参与艺术创作和表演，培养他们的表达能力和文化素养。通过艺术的魅力，学生能够培养出内心的宁静和善感，展现出更加优雅的气质和风采。

此外，我们还鼓励学生学会珍惜自然资源，保持对环境的敏感和保护意识。通过环保教育和实践活动，学生能够了解生态平衡的重要性，并主动参与到环境保护和可持续发展的行动中去。他们将发展出对大自然的热爱和敬仰之情，以及对人类社会的责任感。

四、爱竹乐群：交往之根

"爱竹乐群"旨在培养学生积极主动地与他人建立良好关系，以及在群体中展现出合作与乐观的态度。

首先，注重培养学生的互助合作能力。通过合作学习、团队项目等形式，我们鼓励学生主动与同学合作，共同完成任务和解决问题。学生们将学会倾听他人的意见、尊重多样性，并通过团队合作的经历培养领导才能和协作能力。这样的经验不仅可以提升学业成绩，还能让学生对未来的职场和社交生活做好准备。

其次，引导学生关注团队精神和集体荣誉。倡导学生展现出积极的团队意识，愿意为集体的目标和利益付出努力。鼓励学生参与学校和社区的公益活动，培养他们的公民意识和责任感。学生们将从参与中体验到乐趣和满足感，同时也会形成珍惜群体资源、关心他人需求的思维方式。

此外，还注重培养学生积极乐观的心态。教导学生积极面对挑战，坚持乐观的心态，并将困难视为成长的机会。通过培养学生的自信心和逆境应对能力，我们希望他们能够在困难面前不气馁，相信自己的能力，并通过积极的行动和与他人的合作解决问题。

五、习竹刚健：体魄之根

"习竹刚健"旨在培养学生健康有活力的身体，以及坚强的体魄。

首先，注重培养学生的身体素养和运动能力。通过丰富多样的体育活动和课程，鼓励学生积极参与体育运动，提高身体的灵活性、耐力和力量。

体育运动不仅可以促进学生的身体发育和健康，还可以培养他们的合作精神、团队意识和竞争意识。

其次，我们还教导学生养成良好的生活习惯，如定期锻炼、适当休息和均衡饮食，以保持身体的健康。同时，也鼓励学生关注自己的心理健康，并掌握一些应对压力和调节情绪的方法。

此外，还强调了学生对健康价值观的关注。培养学生对健康的重视，帮助他们认识到身体健康与学习、生活的紧密联系。通过提供相关的健康知识和教育，希望学生能够养成健康的生活方式，并传递正面的健康价值观给周围的人。

六、学竹坚韧：节操养成

历代文人无不将"坚韧"视为竹之高洁品质。如郑板桥《竹石》诗所言："咬定青山不放松，立根原在破岩中；千磨万击还坚劲，任尔东西南北风。"毋庸置疑，个人无论要在修身、学习，抑或是事业发展上有所成就，都必然需要坚韧的品性、持之以恒的努力。《易经》所谓"天行健，君子以自强不息"，也无非是将坚韧有恒视为君子之德。刘禹锡所谓"以不息为体，以日新为道"，则进一步将坚毅、恒心上升至道与体的地位，足见坚韧对于个体之重要性。故此，"竹小"将其作为学生文化的重要组成，希望学生能学习竹的坚韧品质，并将这一品质体现于学习、生活中。

首先，注重培养学生的自律和自我管理能力。鼓励学生养成良好的学习习惯，如制订合理的学习计划、保持专注和高效率。同时，教导学生如何有效管理时间，合理安排学习、娱乐和休息，以提高学习效果和保持身心健康。

其次，强调学生在面对困难和挫折时的坚持和勇气。希望学生能够培养积极的心态，相信自己的能力，克服困难并找到解决问题的方法。通过鼓励学生接受挑战和充分发挥自己的潜力，希望他们能够在学业和生活中展现出坚强的意志和毅力。

　　此外，学校注重教导学生尊重他人、诚实守信、遵守规则等道德观念，以及正确对待权利和责任的观念。通过开展道德教育，希望他们能够树立正确的价值观，做出良好的道德选择，并为社会的发展做出积极的贡献。

第二章

"亲竹"课程之三阶谱系

　　岁月如竹，静静生长。绵延的岁月，逐渐编织出一幅竹韵动人的画卷。在"竹小"的校园里，竹文化如同一股清泉，温润每个角落。从特色活动的探索开始，学校以竹为纽带，将学生们带入了竹林深处的奇妙世界。在纷繁的课程中，竹文化的种子在学生心中扎根生长。随着时间的推移，经过不断地探索，学校以竹为灵感，逐渐建构起了系统且丰富多彩的竹文化课程。从语文到美术、音乐再到手工艺，每一门课程都与竹紧密结合，将竹文化的魅力无声地融汇在学生的学习中。而在这个不断创新的学习样态中，学生们拥有了更多的自主选择权，他们可以通过参观竹林、亲手创作竹艺品，深切感受到竹文化的独特魅力，并从中获得美的愉悦与心灵的满足。

　　竹文化课程的构建，不仅仅是一门学科的教学，更是一种精神与情感的传承。通过如诗如画的竹叶，如琴如梦的竹音以及流淌着的竹活力，学生们仿佛置身于竹海之中，感受到了竹文化的力量和魅力，并在成长的过程中成为竹文化的传承人和热爱者。竹程小学，以竹为翼，引领着学生们在竹林的律动中舞蹈，穿越时光的长河，在竹的岁月中续写着一段不可忘却的美丽旋律。

第一节 "亲竹"1.0——特色活动探索

"竹小"的竹文化建设在 2013 年至 2017 年进行了第一阶段，也被称为"1.0 版本"。在这四年里，学校积极开展了一系列特色活动，这些活动与竹植、竹具、竹字、竹文、竹品等与竹相关的元素紧密关联。

首先，学校注重将竹文化融入教育教学中。在各学科的教学过程中，老师们将竹文化的元素和价值渗透到课堂内容和教学活动中。例如，在语文课上，学生们学习背诵竹相关的诗词；在美术课上，学生们绘画竹子的形象；在音乐课上，学生们学习演奏竹制乐器。通过这些教学实践，学生们不仅增加了对竹文化的认识，也培养了对传统文化的兴趣和热爱之情。

其次，学校开展了丰富多彩的竹文化主题活动。通过诵读经典、特色社团、竹文化讲座、竹文化节活动等，学生们了解了竹文化的历史渊源、传统技艺和艺术价值。同时，学生们还有机会亲自参与竹编、竹乐演奏等与竹文化相关的手工艺和表演活动，深入体验和感受竹文化的魅力。

此外，学校还加强了竹文化资源的整理和利用。通过建立竹文化资料库，收集整理竹文化的相关资料，为学生们提供了丰富的参考和学习资源。同时，学校也积极与当地社区、专业机构合作，邀请竹文化专家和艺术家来校举办讲座和指导，进一步推动竹文化的研究和传承。

在这个第一阶段的建设中，"竹小"创造了浓厚的竹文化氛围，为学生们提供了多元化的学习和体验机会。学生们通过竹文化的学习与实践，不仅树立了对传统文化的认同和自豪感，也培养了审美能力、创新思维和团队合作精神。"竹小"竹文化建设的"1.0 版本"为后续的发展和深化奠定了坚实的基础。其具体内容如下：

一、竹文化开启跨学科之门

竹文化不仅仅是一种传统艺术和生活方式，更是一扇开启跨学科之门的奇妙通道。在"竹小"，我们致力于将竹文化融入各个学科领域，丰富学生的学习内容和体验。

在大课间，学生们会进行竹板操，通过身体的呼应与竹文化的融合，体验竹文化的身体韵律。这种有趣的活动让学生们不仅锻炼了身体，还在欢笑中感受到了竹文化的活力与愉悦。在体育课上，学生们还会学习抖空竹、跳竹竿舞等与竹文化相关的活动。通过学习和演练这些传统技艺，学生们不仅提升了身体协调能力，还深入了解了竹文化的传承与演变。

在美术课上，学生们不仅学习绘画竹子的技巧，还通过艺术的表达展现了对竹文化深刻的艺术情感和理解。他们通过观察真实的竹子，学习描绘竹子的线条、形态和纹理，掌握绘画工具的运用技巧。在老师的指导下，他们探索不同的绘画风格和表现手法，运用鲜艳的颜色、和谐的构图，将竹子形象生动地展现在画布上。通过绘画竹子，学生们不仅提升了绘画技巧和美感，也深化了对竹文化的理解和感知。他们学会观察竹子的细节和特点，传达竹子的生命力和静谧之美。他们借助绘画与竹子对话，表达出对大自然、对生命、对传统文化的热爱和思考。这样的艺术表达不仅展示了学生们的创造力与想象力，更是对竹文化的一种致敬和传承。

在音乐课上，学生们不仅学习演奏竹笛和葫芦丝等竹制乐器，还能感受到竹文化在乐曲中的独特凝聚力和张力。他们学习吹奏技巧，掌握气息的控制和手指的灵活运动，通过演奏竹笛等乐器，将竹文化的韵味与音乐的美妙相融合。这样的音乐学习不仅提升了学生们的音乐才能和表演技巧，也增强了他们对竹文化的感受和理解。

在综合实践活动课上，学生们也会学习竹编织等与竹相关的手工艺。通过动手实践，他们亲身体验竹编织的技巧和艺术，了解竹编织的原理和过程。学生们将竹子削成细片、交织编织，创造出美丽的竹编作品。在这个过程中，学生们不仅培养了手工艺的创造力和技巧，还感受到了竹编织艺术的精妙之处。此外，通过团队合作，学生们相互协作、分工合作，增强了团队意识和合作精神。

在语文教学中，竹文化也被注重并融入教学内容中。学生们被组织研究了65个带有竹部首的汉字，以及一些含有"竹"的成语。通过研究性学习的方式，他们深入了解和运用竹文化的相关知识。这种学习方式激发了学生们的学习兴趣和主动性，使他们不是被动地接受知识，而是通过自主探索来丰富自己的语文知识。

为了进一步培养学生的诗词素养和文化自信，学校编写了《中国古代经典诵读》校本教材。这本教材特别注重学生背诵和积累一些与竹相关的主题的诗文（见图2-1）。学生们通过背诵这些古代经典诗文，不仅能够感受到诗词之美和意境的独特，还能深入了解到竹文化在古代文化中的重要地位和卓越贡献。在课程设计上，学校从育人视角出发，精选竹生长的故事、竹与人的故事，讲述《竹林七贤》《孟宗哭竹生笋》等故事，引导学生从中领悟人与竹之间的情感和智慧。

为了展示学生们的学习成果并促进交流，学校还开展了"中国古代经典诵读节"活动。这个活动为学生们提供了一个展示和交流的平台，他们可以通过诵读古代经典诗文和参与表演等方式，展示自己对竹文化的理解和感悟。这样的活动不仅能够增加学生们的自信心，也能够让他们更好地学习和传承中华优秀传统文化。

通过在语文教学中注重竹文化的内容，学生们不仅增加了对传统文化的认识和理解，也培养了对中华文化的自豪感和认同感。他们学会通过诗词、成语等形式表达自己的情感和思考，并在诵读活动中展示自己的才艺和独特的艺术表达。这样的语文教学方式不仅丰富了学生的学习内容，也激发了他们对中华传统文化的热爱和继承的责任感。

图 2-1　学生在晨读中诵读经典

二、竹活动培养学生学习热情

"竹小"注重通过特色活动来培养学生对竹文化的兴趣和认知，以活泼有趣的方式，引导学生深入了解竹文化，并在其间培养对竹文化的兴趣与热爱之情。

（1）设立"竹声"广播站。学校每周为学生开辟一个"竹声"广播时间，发挥广播站阵地作用，宣传校园学生风采等。

（2）组织"竹娃志愿者"系列活动。学校定期组织"竹娃志愿者"活动，每次活动设一主题，组织学生参加一些社区、学校的公益活动，如"小红帽进社区"街道卫生清扫活动、"竹娃走进敬老院"敬老活动等。

（3）开展"八礼四仪"教育活动，重视仪式教育。

学校选取经典、美文、礼仪（或习惯养成）等主题进行校本课程开发与教学。经典主题的课程可称为贞竹系列，课程名称为"中国古代经典诵读""快乐国学"等；礼仪与美文主题的课程可称为雅竹系列，课程名称为"优雅礼仪""阳光美文"等（见图 2-2）。通过贞竹系列和雅竹系列课程的开发与教学，"竹小"为学生提供了一种全面而有深度的学习体验。学生们在富有情趣和启发性的课程中，感受到了文化的底蕴和美的熏陶，同时也锻炼了自己的思维能力、表达能力和人际交往能力。这些课程将进一步丰富学生的知识储备，培养他们的美感和品位，让他们成为有深度、有素养的竹程小笋娃。

图 2-2 校本教材

（4）在校刊《成竹》辟出"竹娃作品"专栏，刊登学生作品，表彰优秀竹娃，为学生提供展示自我的平台。

在这个专栏中，学生们可以投稿自己的竹文化相关的作品，包括诗词、散文、绘画、摄影等等。他们可以分享自己对竹的独特感受和理解，展示自己在艺术创作方面的才华和创意。这样不仅帮助学生们锻炼自己的创作能力，还让他们有机会在校刊中展示自己的作品，与全校师生分享。

此外，《成竹》也会每期选取一些在竹文化方面表现优秀的学生，进行表彰和报道。这些优秀的竹娃将成为校园的榜样，激励其他学生更加努力学习和参与竹文化的活动。通过这种方式，学生们可以获得他人的认可和鼓励，同时也培养了自信和领导力。这样的展示和认可也激发了学生们对竹文化的兴趣和投入程度，促进了竹文化在校园中的传承与发展。

（5）举办"清雅读书节"活动。学校每年选择一日或一周时间举行"清雅读书节"活动,学生可在活动中分享读书乐趣、进行主题演讲等。各班依托"书之旅"阅读竞赛榜,开展读书活动。

(6)组织学生社团活动。学校精心安排"快乐周三"社团活动,从学生兴趣出发,分主题设立跳竹竿、抖空竹、竹器编织、葫芦丝吹奏、竖笛吹奏、围棋、水粉画、书法、篮球等社团(见图2-3至图2-6),学生根据兴趣,自由选择社团。每一社团设一辅导教师,引领学生规划社团活动;多渠道引进师资,提高特色社团教学质量。

图2-3 竹创意画社团

图2-4 抖空竹社团

图2-5 跳竹竿社团

图2-6 葫芦丝社团

同时,对竹文化相关的特色活动等进行系统编排,编写了一系列的课程教案,如《跳竹竿》《竹器编织》等(见图2-7)。

图 2-7 竹系列课程教案

（7）组织"每班一竹"课题研究活动。每班根据学生意见选择一种竹子进行研究，设立竹课题研究版块，布置学生的观察记录、相关的网络学习资料，展示学生的竹研究小报告、竹雕等小工艺品，提升学生实践创新能力；积极引入南京林业大学竹类研究所有关资源，成立"小小竹研究院"，扎实开展研究活动，将品学兼优、热爱竹研究的竹娃们吸收为小小竹研究员，让他们在种植、观察、探究、报告、考察等活动中成长，激励竹娃们参与竹研究的热情。

（8）组织各类校内竞赛。如"咏竹"诗词诵读竞赛，"颂竹"征文、演讲活动，"书竹画竹"书法与绘画作品征集评比，等。通过这些校内竞赛活动，学生们有机会展示自己在竹文化方面的学习成果和才艺。同时，竞赛也为学生们提供了交流和学习的机会，他们可以从其他参赛者的作品和表演中汲取灵感，拓宽自己的艺术视野。这样的竞赛活动不仅激发了学生的创造力和表达能力，也加深了学生对竹文化的理解和热爱。

（9）"竹小"每隔两年举办一次盛大的竹文化节活动，为学生们提供一个展示和交流的平台（见图 2-8）。文化节不仅是竹文化的展示，也是学生们在竹文化教育中的成果展示和交流的重要机会。

图 2-8 首届竹文化艺术节

　　竹文化节活动以竹为主题，涵盖了丰富多样的内容。学校会组织学生参与各种竹文化相关的比赛、展览、演出和工作坊等，让学生们亲身体验竹艺、竹音、竹风的魅力。学生们可以参加竹编、竹乐、竹书法等比赛，展示自己在这些领域的才艺。同时，学生们也有机会参观竹艺展览，欣赏各种优秀的竹艺作品，深入了解竹文化的深厚底蕴。

　　竹文化节活动还会邀请专业的艺术家、教育家和文化传承人来学校举办讲座，指导学生们更深入地了解和体验竹文化。他们会分享自己在竹文化方面的经验和见解，激发学生们对竹文化的兴趣和学习的动力。这样的互动交流使学生们受益匪浅，不仅拓宽了他们的知识面，还激发了他们对竹文化的创造力和热爱之情。活动不仅丰富了学生们的课余生活，也是他们在竹文化教育中展示成果和交流的重要平台。学生们可以展示自己在竹文化方面的学习成果和创作成就，增强自信，激发学习兴趣，促进互相学习与交流。

　　这样的学习体验，使得竹文化在校园里营造出一种浓厚的人文氛围，激发了学生们对传统文化的热情和自主探索的欲望。学生们通过学习、实践和参与活动，深入了解和领悟到竹文化的深厚底蕴和影响力。这样的学习体验不仅培养了学生们的审美能力和文化素养，也塑造了他们成为具有艺术情怀和综合能力的新时代人才的品质。

第二节 "亲竹"2.0——系统课程建构

从2017年到2018年，学校进入了"成竹"特色课程的建设与实施阶段。"成竹"特色课程是基于学校"成竹"文化建设的定位提出的，以基于儿童、适于儿童、发展儿童为原则，以提升学生核心素养、实现学校育人目标为导向，具有实践性、综合性等特点，还突出体现了对中华优秀传统文化的传承。"成竹"特色课程的"特色"还在于课程与竹植、竹具、竹字、竹文、竹品等"竹"元素的紧密关联。

"成竹"特色课程的建设与实施标志着学校对竹文化教育的系统性发展。通过将竹文化融入课程中，学校将传统文化的元素和教育目标有机结合起来，为学生提供了更加丰富、综合和具有实践性的学习经验。特色课程的建设不仅促进了学生对传统文化的认知和理解，还培养了学生的综合能力和创新精神。学校同时还在继续深化"成竹"特色课程的建设，不断完善课程内容与实践活动的教学设计，为学生们塑造更为丰富多彩的学习环境，让他们在"成竹"特色课程中真正实现知识与能力的全面发展。

"成竹"特色课程包括"亲竹"和"悟竹"两大系列校本课程（见表2-1）。这些校本课程是对国家课程和地方课程的有益补充与积极融合。

"亲竹"系列校本课程旨在让学生更加亲近竹文化，加深对竹文化的了解与感受。课程内容涵盖了竹的生长特点、竹纤维的利用以及竹文化在学习生活中的运用等方面。通过实践活动，学生们可以观察竹植物的种植与生长过程，学习竹的采集与加工技艺，探究竹材在建筑、家居、手工艺品等领域的广泛应用，学生们将学会种竹、玩竹、画竹、写竹、数竹、奏竹和制竹。这样的课程设计增强了学生与竹文化之间的互动，培养了学生的观察力、动手能力以及环境保护的意识。

"悟竹"系列校本课程则旨在引导学生从竹文化中汲取智慧和启示，培养学生的思考能力和创新精神。课程内容围绕竹文化与哲学思想、经典诵读、主题节日、科学探究，包含习竹文壁字、诵四君子文、讲好竹故事、做些竹研究、同过竹节日、学做竹君子等内容，引导学生深入思考竹文化所蕴含的价值观、生命智慧和美学观念。学生们将通过这样的课程学习，培养独立思考的能力和批判性思维，激发创新思维和提升问题解决的能力。

"亲竹"和"悟竹"系列校本课程的提出，丰富了"成竹"特色课程的内容。这些校本课程在与国家课程和地方课程的有机融合中，更好地满足了学生综合发展和核心素养培养的需求。通过学习和体验竹文化，学生们可以拓宽思维视野，培养审美情趣和人文关怀，提高综合运用学科知识的能力。

表 2-1 "成竹"特色课程框架

课程系列	课程内容	实施路径	课时（安排）	参与学生
"亲竹"系列	种竹	德育活动	9 月份第 2 周	一年级
	玩竹：做竹操	大课间活动	每天 4 分 30 秒	一至六年级
	玩竹：抖空竹	社团活动	每周三下午 2 课时	一至三年级
	玩竹：跳竹竿	国家课程（体育）社团活动	每学期 2 课时 每周三下午 2 课时	一至六年级 四至六年级
	画竹：画竹子	国家课程（美术）	每学期 2 课时	一至六年级
	画竹：水粉画	社团活动	每周三下午 2 课时	三至六年级
	写竹	国家课程（语文）	每学期 2 课时	一至六年级
	数竹：数测竹	国家课程（数学）	每学期 2 课时	一至六年级
	奏竹：吹葫芦丝	国家课程（音乐）	每学期 6 课时	三至六年级
	奏竹：吹竹笛	社团活动	每周三下午 2 课时	五至六年级
	制竹：竹编织	国家课程（综合实践）	每学期 8 课时	三至六年级
	制竹：竹雕刻	社团活动	每周三下午 2 课时	五至六年级

课程系列	课程内容	实施路径	课时（安排）	参与学生
"悟竹"系列	习竹文壁字	国家课程（语文）	每学期2课时	一至二年级
	诵四君子文	校本课程"经典美文诵读"（松梅篇）	每学期6课时	一、二年级三、四年级五、六年级
		"经典美文诵读"（竹篇）	每学期6课时	
		"经典美文诵读"（兰菊篇）	每学期6课时	
	讲好竹故事	德育活动	每学期3课时	一至六年级
	做些竹研究	地方课程	每学期4课时	一至六年级
	同过竹节日	特色节日活动：竹文化节、中国古代经典诵读节	单年份：诵读节双年份：文化节	一至六年级
	学做竹君子	宣传阵地校本课程"我塑我行"	每月组织一次每学期6课时	一至六年级五、六年级

一、"亲竹"系列课程

"亲竹"体系特色课程重在引领孩子在种竹、玩竹等亲近竹子的活动中，与竹子零距离接触，感受并爱上竹。"竹小"充分利用学校现有竹植资源，设计多样的课程。

1. 种竹

每年9月份第2周，德育处组织一年级新生以班级为单位进行种竹活动，这成为新生开笔礼的重要内容。自此，孩子们的生命成长便与竹的生长相连，二者相伴发展。通过这一仪式，每个孩子正式成为这片青青竹林中的一名竹娃。

2. 玩竹

做竹操。将竹竿舞动作融入韵律操健身活动中，共9节，带有竹竿的敲打、交叠、撞击等动作，极具趣味性、节奏感和整体造型的美感，一至六年级学生在每天大课间活动中做竹操。

抖空竹。抖空竹是中国民族文化中既古老又新鲜，深得人民群众喜爱的一项活动，它集娱乐性、健身性、技巧性、灵活性、表演性于一体。竹娃们在社团课程学习中，逐步掌握层层叠叠、金鸡上架、抬头望月、蝴蝶展翅等高难度动作，达到锻炼身体、健康生活、弘扬民族传统文化等多个育人目标。一至三年级学生在每周三下午以社团活动形式选修学习抖空竹，每周 2 课时。

跳竹竿。跳竹竿以它独特的魅力一直在少数民族间广泛流传，是一项群众喜闻乐见的健身活动，也是我国民间传统瑰宝之一。一方面，我们在各年级体育课中有机渗透有关内容，每学期教学时间不少于 2 课时；另一方面，学校在每周三下午以社团活动形式，让四至六年级喜欢跳竹竿的孩子选修提高，每周 2 课时，并分为初级班、中级班和高级班，采取积分晋级制。学员们分组练习、团队展示、创编舞步、渗透游戏，展示"等号"形、"井"字形、"米"字形等队形，他们随着或快或慢的节奏，伴着竹竿清脆的敲打声，在交叉的竹竿中，灵巧、机智、自由地跳跃，单人跳、双人跳、三人跳或成队跳，真像一只只快乐的精灵。

教学案例 2-1：四四拍跳竹竿法

教学目标		笋竹娃	知道四四拍跳竹竿的节奏及历史起源；能做出基本步法，发展节奏感及下肢力量和身体协调性；积极参与练习。
		青竹娃	知道四四拍跳竹竿的节奏、配合的重要性及历史起源；较好做出基本步法，发展节奏感及下肢力量和身体协调性；积极参与练习，与同伴相互配合。
		翠竹娃	知道四四拍跳竹竿的节奏、配合的重要性及历史起源；很好地掌握步法并与打竿配合，发展节奏感及下肢力量和身体协调性；勇于展现自我动作，发展自主性和合作能力，体验跳竹竿的乐趣。
教学重点	身正、提膝、绷脚面		
教学难点	打竿、步伐动作协调配合		
教学准备	细竹竿 18 根，粗竹竿 8 根，挂图 2 幅，扩音器 1 个		

教学过程	区分性实施
一、准备部分：8 分钟 **（一）导入** 　检查常规，师生问好，宣布本节课学习内容及要求。 　组织队形：四排横队。 **（二）准备活动** 1. 趣味慢跑 　教师讲解趣味慢跑要求，师生在音乐中慢跑、互动。 　要求：做出高抬腿跑、侧身跑动作。 2. 韵律操 　跟着音乐节拍，教师语言提示，师生共同做自编热身操 **二、基本部分：27 分钟** 1. 跳竹竿步法（单脚交换腿跳） （1）师讲解示范步法动作（正面示范、镜面示范）（见图 1）。 　动作要领：身正、提膝、绷脚面。  图 1 学生示范动作 　提问： 　a. 动作口诀是什么？ 　b. 怎样能使动作做得标准？ （2）生在师口令下统一尝试性练习，体会动作要领。 （3）生自主练习步法。 2. 打竿（口诀：开开—并并） （1）教师示范打竿动作，并讲解动作要领，上下敲打，高度在 5 厘米，打开距离与肩同宽。	**韵律操：** 　要求笋竹娃积极模仿老师动作，青、翠竹娃动作规范，有表现力。 **四四拍步法练习：** 　要求笋、青、翠竹娃明确打竿的方法与动作要领，青、翠竹娃能正确帮助练习中动作不标准的笋竹娃。 **打竿练习：** 　要求笋、青、翠竹娃都明确打竿手上动作、盘腿坐方法；青、翠竹娃打竿时能在重拍时做到肘关节伸直，腕关节发力。

（2）生同师做徒手模仿练习。

3. 跳竿与打竿组合练习

（1）原地步法与打竿练习（体会步法与打竿节奏配合）。

（2）步法与打竿组合练习（统一口令）。

要求：轮换练习，打竿生说出口诀"开开合合"，跳竿生说出口诀"进进出出"。

（3）步法与打竿组合自主练习，师巡回指导。

（4）生展示，生点评，师总结。

（5）巩固性练习。

（6）拓展性练习：

鼓励生在组长带领下自编队形，生自主选择适合自己的不同难度系数的队形练习。

a. 师逐队指导；

b. 集体展示（见图2、图3）。

图2 学生自编队形

图3 学生集体展示

拓展练习：

要求青、翠竹娃能够在较难的队形练习中做到步法与打竿协调配合，翠竹娃做到动作优美、规范，有效组织小队练习，有很好的自我表现欲望。

游戏与竞赛：

要求笋、青、翠竹娃有较强的参与积极性，能明确游戏规则，能为同伴加油助威；青、翠竹娃能运用正确的姿势以较快速度顺利闯关；翠竹娃能有效起到小组长的作用。

区分性作业		
笋竹娃	青竹娃	翠竹娃
（1）知道四四拍跳竹竿步法、打竿动作方法与名称，知道跳竹竿相关历史。 （2）基本能做出简单队形的跳竹竿动作。	（1）知道四四拍跳竹竿步法、打竿动作方法与名称，知道跳竹竿相关历史。 （2）在较为复杂队形中能连贯地做出跳竹竿动作，较好地掌握跳竿节奏。 （3）积极参与各项练习，能为同伴加油助威。	（1）知道四四拍跳竹竿步法、打竿动作方法与名称，知道跳竹竿相关历史。 （2）很好掌握各种队形，动作与节奏配合默契。 （3）发挥小组长作用，很好组织小组生自主练习，体验到跳竹竿的乐趣，具有较强自我表现力。

（执教者：朱晓秀）

3. 画竹

一是在学校各年级美术课程中进行教学融合，可以是简笔画、水彩画、水墨写意画等，每学期 2 课时；二是开设水粉画社团，三至六年级部分学生参加水粉画社团选修。

4. 写竹

在各年级语文课程中，每学期安排不少于 2 课时的写竹文的教学。一、二年级可以写句子，三、四年级可以写一两段话，五、六年级则可以写整篇的竹作文，可以是记叙文，也可以是儿童诗等，用手中的笔来表达对身边竹子的观察、思考、想象。

5. 数竹

在各年级数学课程中，每学期安排不少于 2 课时的数、测等方式的学习活动。如在数与代数领域，低年段学习认数、数数内容时，借助竹制的小棒进行直观学习；在空间与几何领域，学习图形的面积时，学生通过摆竹棒搭图形的方式建立空间观念；在综合与实践领域，指导学生在划定的地块面积内，依据竹子生长所需间距，来合理安排种竹，确定竿数。

教学案例 2-2：认识平行线

<table>
<tr><td rowspan="3">教学目标</td><td>笋竹娃</td><td>通过自主探索和合作交流，结合生活情景，感知同一平面上两条直线的平行和相交关系，认识平行线；学会用合适的方法画一组平行线，能借助直尺、三角尺等画已知直线的平行线。</td></tr>
<tr><td>青竹娃</td><td>经历从现实空间中抽象出平行线的过程，能应用平行线的知识进行简单的判断，体会抽象和简单的演绎，进一步累积图形学习的基本活动经验，通过观察、比较、测量等活动，发展空间观念。</td></tr>
<tr><td>翠竹娃</td><td>感受数学知识与生活的联系，增强学习数学的兴趣，通过合作交流，养成合作互助意识，提高数学交流和数学表达能力，培养动手能力。</td></tr>
<tr><td>教学重点</td><td colspan="2">结合生活情景,感知平面上两条直线的平行和相交关系,认识平行线。</td></tr>
<tr><td>教学难点</td><td colspan="2">借助工具画平行线</td></tr>
<tr><td>教学准备</td><td colspan="2">研习单、小组合作材料、一套尺</td></tr>
</table>

教学过程	区分性实施
一、复习旧知 1.复习直线的特点 【设计意图：相关内容以动画的形式出现，让学生能够快速地进入学习状态。】 复习：下面的线各叫什么名称？有什么特点？ 【设计意图：通过复习让学生回忆直线无限长的特点，帮助学生在学习新知中，利用这一特点更好理解两条直线是否相交的问题。】	要求：所有的学生，尤其是笋竹娃能明确说出这三条线的名称以及特点，强调直线可以无限延长的特点。

2.复习两条直线的位置关系（相交）

师：说一说，这两条直线的位置关系是什么？直线 a 和直线 b 的关系，我们可以怎样表述？

生：……

二、学习新知

（一）认识相交与不相交

1.情境引入

师：我们班的学生这么聪明，老师请你们帮个忙好不好？一天，老师不小心把整理好的资料弄乱了，需要重新分分类，你们能帮帮我吗？

生：……

2.小组合作

师：这些卡片上画的6组都是两条直线，想想看，你可以怎样分类？和你的小组成员商量一下，然后汇报交流。

要求：学生凭自己的感觉进行分类，青竹娃能大概表述自己的观点，翠竹娃最好能联系到直线可以无限延长的特点。

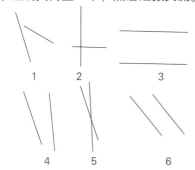

1　　　2　　　3

4　　　5　　　6

3.汇报交流

师：我们看到黑板上有不同小组的分类方法，你有什么想法要和大家分享的吗？

生：……

师：第1组和第4组到底属于哪一种情况呢？你的想法是什么？

生：……

4.小结

师：像第2组和第5组这样的两条直线，都有一个公共交点，这样的位置关系，我们称"相交"（板书：相交）。像第1组和第4组，虽然两条直线没有直接相交，但由于直线具有可以无限延长的特点，我们把它们无限延长后，也是会相交的。像第3组和第6组这两组，两条直线无限延长后不相交的位置关系，我们称"互相平行"。

要求：青竹娃汇报，翠竹娃进行补充。

（二）建立"平行线"的概念

1.练习巩固，强化已有概念

师：现在，你能用我们刚才所学的知识判断出，两条直线的位置关系，哪些是平行，哪些是相交吗？

生：……

师：第2组直线的位置关系是相交，为什么第4组也是呢？

生：……（明确直线可以无限延长，它们是相交的）

（练一练第1题。）

要求：笋竹娃汇报想法，要能说出理由。

2.概念建立

师：我们现在总结一下，怎样的两条直线我们说它们的位置关系是平行的？

生：像这样不相交的两条直线，互相平行（齐读一遍）。

师：这里的两条直线我们分别用字母*a*、*b*来表示，当它们互相平行时，我们就可以说"直线*a*是直线*b*的平行线"，还可以说"直线*b*是直线*a*的平行线"。

师：你能向你的同桌介绍一下，它们谁是谁的平行线吗？

生：……

要求：能表述清楚，哪条边和哪条边平行。

要求：小组成员分别表述，要求语言表述完整，边说边用手画。

3. 巩固练习

（1）生活中的平行线

师：除了教室里存在平行线，其他还有很多地方也有呢！你能找出来吗？

生：……

（注意说明：谁和谁互相平行。）

（2）图形中的平行线

师：在我们学过的图形里，我们也可以找到互相平行的线，来试一试，你能找到几组呢？

生：……

师：老师给每个四人小组发了四个不同的图形，你能把互相平行的两条边用同一种颜色的水彩笔画出来吗？

生：……

（图形包括梯形、正方形、平行四边形、正六边形。）

师：这里我们找的都是互相平行的线段。

（三）画平行线

1. 移一移

师：学到这里啊，老师想到我们学校的竹竿舞，看，竹竿的摆放多么整齐啊！竹竿的摆放和我们今天学习的知识有什么联系呢？

生：……

师：如果有一个同学在打竿时，是这样打的，你们觉得怎样？

生：……

师：看来，我们需要把这组不平行的竹竿变得平行，你能在方格纸上画一组平行线吗（见图1）？

生：……

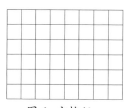

图1 方格纸

要求：笋竹娃能找出图片中的平行线，青竹娃和翠竹娃要能发现有的平行线不止一组。

师：你发现，平行线应该具有什么样的特点？

生：……

小结：要想保证这两条直线延长后不相交，也就是要想两条直线互相平行，就必须保证它们之间的距离是相等的。

2. 试一试

师：我们已经认识了平行线，知道了它的特点，你能另外想办法画出一组平行线吗？你可以借助自己手中的直尺或其他一些工具。

让学生自己画一画，同学之间互相比一比。

教师选取一些进行展示，适当做肯定评价。

【设计意图：让学生经历画平行线的过程，知道画平行线主要应使两条直线间距离保持不变，以利于学会用直尺和三角尺画平行线的方法。】

3. 想一想

师：我们用平移的方法画平行线，好不好？

追问：会出现什么问题？

生：……

【设计意图：学生能自己学会的东西，就让学生自己动手去实践。】

4. 学一学

师：老师这里有一种方法，可以画出一组平行线，想学吗？（一合二靠三移四画）

生：……

5. 画一画（画已知直线的平行线）

让学生在练习纸上自己尝试一下，可以参照直接画平行线的方法。

小结：画已知直线的平行线，可以把三角尺的一条直角边与已知直线重合，直尺靠紧三角尺的另一条直角边后固定，接着三角尺沿着直尺平移，然后沿三角尺的一条直角边再画直线。这样，两条直线就平行了。

（完成"练一练"第3题。）

拓展题：要求青竹娃和翠竹娃开发思维，动脑筋。

师：想一想，这样的直线，你能画多少条？

生：……

师：现在，难度升级，老师要求过这个点，画出这条直线的平行线，你会画吗？课后和你的同桌讨论一下。

生：……

三、总结

师：这节课你们学会了什么，知道了平行线的哪些特点？

拓展：两条、三条、四条互相平行的直线，能找到几组互相平行的直线？

区分性作业		
笋竹娃	青竹娃	翠竹娃
（1）会判断两条直线的位置，会表述它们的关系。 （2）能借助工具按要求画出一组平行线。	（1）会判断两条直线的位置，会表述它们的关系。 （2）能借助工具按要求画出一组平行线。 （3）会数有几组平行线。	（1）会判断两条直线的位置，会表述它们的关系。 （2）能借助工具按要求画出一组平行线。 （3）能结合数线段、数角的方法，类推数平行线的方法。

（执教者：蒋瑶）

6. 奏竹

吹葫芦丝。葫芦丝以其音色优美、易学、易演奏，容易被孩子们所接受，且具有浓郁的民族特色而被人们所喜爱。"竹小"的葫芦丝吹奏，融入三至六年级音乐课堂，每学期6课时。

吹竹笛。结合竹笛乐器学习要求，在五、六年级中开设社团选修课程，学习音高、节奏、速度、力度、音色变化和各种不同的吹奏技法。

7. 制竹

竹编织。2008 年 6 月，竹编经国务院批准列入第二批国家级非物质文化遗产名录，但在信息化、工业化不断推进的大社会背景下，竹编成了"正在消失的指尖上的手工艺"。学校聘请当地民间艺人作辅导老师，在三至六年级综合实践活动课程中，每学期安排 8 课时的教学，以期望孩子们在这一手工艺的"坚守"中，传承传统文化，发展实践创新素养，感受竹子济人利物的价值（见图 2-9 至图 2-11）。

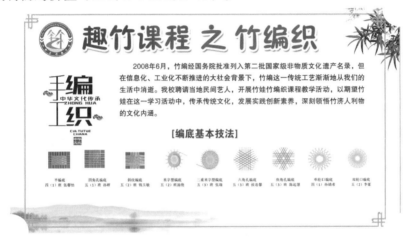

图 2-9 竹编织课程介绍

图 2-10 学生竹编织作品：竹篮

图 2-11 学生竹编织作品：笔筒

竹雕刻。我国的竹雕艺术源远流长，在中国工艺美术史上独树一帜。"竹小"的竹雕刻课程，主要是通过雕、刻、琢、磨、钻等方法制作出具有实用性及初具装饰性的小作品。在这一过程中，学生了解基本的竹雕技艺，培养动手能力及创新精神，陶冶情操。

二、"悟竹"系列课程

"悟竹"体系特色课程重在指导孩子们自主合作探究竹子，学习竹部首汉字，吟诵竹诗文，讲悟竹故事，同过竹文化节、经典诵读节，通过多样化的教学方式，将竹子的历史文化与现代教育理念相结合，让学生感悟竹文化内涵，提升学生的综合素养。

1. 习竹文壁字

竹文壁是学校将汉字文化与"成竹文化"理念创造性融合设计的一处墙壁资源。学校一、二年级语文教师组织对"竹文壁"上的 65 个竹部首汉字及四个带"竹"的成语的学习活动，每学期 2 课时，指导学生识更多字、解更多词，初步感受汉字及民族文化的魅力。

教学案例 2-3：竹文雅集

教学目标	笋竹娃	通过查字典等方式认识"籍、簿、简"几个字，初步了解字义。
	青竹娃	1. 初步了解中国古代各种字体，感受中华文化的博大精深； 2. 通过查字典等方式认识"籍、簿、简"几个字，初步了解字义，积累有关的四字词语； 3. 学会使用多种途径查找自己所需要的资料。
	翠竹娃	1. 初步了解中国古代各种字体，感受中华文化的博大精深； 2. 通过查字典等方式认识"籍、簿、简"几个字，初步了解字义，积累有关的四字词语； 3. 学会使用多种途径查找自己所需要的资料，激发对竹文雅集墙的喜欢之情与探究欲。
教学重点		通过查字典等方式认识"籍、簿、简"几个字，初步了解字义，积累有关的四字词语。
教学难点		学会使用多种途径查找自己所需要的资料，激发对竹文雅集墙的喜欢之情与探究欲。
教学准备		字典、词典、ppt、"竹文雅集"课堂作业纸

教学过程	区分性实施
一、激趣导入	
1. 出示几个词语。	依次由笋竹、翠竹、
考一考，屏幕上的词语你还认识吗？	青竹娃回答。
逐个出示：笛、筝；箬笠、篱笆、簸箕。	
全部出示：笛 筝	
箬笠 篱笆 簸箕	
（1）再读一遍，想想他们都有什么共同点？你在哪儿见过它们？	
（2）边读边想，它们都是哪些物品？（出示对应图片，连线）	
（3）告诉我，你发现了什么？竹子可以做成什么呢？（乐器和生活用品）	
2. 老师将字变换下位置，看看你又发现了什么？	
出示：筝	依次由笋竹、翠竹、
篱笆	青竹娃回答。
笠	
字的写法不一样。出示：隶书、楷书、行书。	
其实在这面墙里，还藏着一种字体，看（出示"笺"）。这个字是"笺"，这是它的篆文（展示图片）。	
看，古时候篆书大多写在竹简上，所以它是竹字头。我们现在写的是什么字体呢？	依次由笋竹、翠竹、 青竹娃回答。
二、精讲	
过渡：看，小小的"竹文雅集"墙还藏着不少知识呢！今天我们再来利用这面墙做一件很有意思的事情。	
1. 出示：简、籍、簿。	
这几个字里面有你认识的吗？下面请你拿出老师事先发给你的作业纸，看看需要填写什么？你可以寻求什么的帮助？（字典）这里有些字，我们认识，可以用什么方法来查？对于不认识的字又用什么方法呢？	依次由笋竹、翠竹娃 回答。
2. 怎么填呢？请你先看黑板上的例子。以"签"字为例，查字典，按要求填写表格。	
3. 小组合作。	依次由笋竹、翠竹、 青竹娃回答。
出示小组合作要求。	
学生小组合作，填写表格。	
4. 学生交流。	

5. 教师请学生上台讲所填内容，其余学生补充。对于积累的四字成语，请学生上黑板写，其余学生可以补充。 6. 教师展示自己查到的四字成语。指出当成语词典也无法查出的时候，自己可以上网查。 7. 老师随机抽一个成语，来考一考你，猜猜是什么意思。出示成语，让学生猜。指出我们可以根据《新华字典》里该字的解释来推测成语的意思。 8. 小结： 通过刚才的学习，你收获了什么？ **三、作业** 回去查"笺"这个字的读音、字义以及含有这个字的成语。	依次由笋竹娃、翠竹娃、青竹娃回答。

区分性作业		
笋竹娃	青竹娃	翠竹娃
回去查"笺"这个字的读音、字义。	回去查"笺"这个字的读音、字义以及含有这个字的成语。	（1）回去查"笺"这个字的读音、字义以及含有这个字的成语； （2）查找"欲寄彩笺兼尺素，山长水阔知何处？"的出处以及完整的词。

（执教者：潘翠敏）

2. 诵四君子文

学校在原来《中国古代经典诵读》校本教材的基础上，聚焦"松梅竹兰菊"题材，精选内容，编写《经典美文诵读》的松梅篇、竹篇、兰菊篇三本教材，分别在低、中、高年段用校本课程、"周三晨诵"等时间落实教学，每学期不少于 6 课时；开展"中国古代经典诵读节"活动，搭建课程汇报与展示平台。

3. 讲好竹故事

从育人视角出发，选取竹生长的故事、人与竹的故事，按体系进行编排（见图 2-12），如《王徽之爱竹》《解缙砍竹》《竹林七贤》《孟宗哭竹生笋》《郑板桥醉酒画竹》等，结合演讲进行课程开发。课程落实在班晨会等德育活动中。

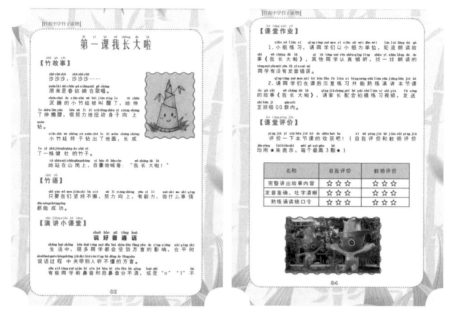

图 2-12 《讲好竹故事》读本

4. 做些竹研究

学校依托南京林业大学竹类研究所的学术支持，充分利用学校丰富的竹资源，并走进南京两大竹种园，组织学生进行小小竹课题研究。在辅导老师的指导下，学生观察区别不同属种竹子的叶、枝、节、鞭、花等形态特征，对竹的生长数据动手测量记录，在自主、合作、探究的过程中，形成小课题研究报告，提升综合素养。

竹研究活动的开展给学生们提供了一个实践和探究的机会。学生们在活动中亲身参与到竹的观察和测量工作中，通过实地考察和数据采集，加深对竹的了解和认识。同时，学生们也将学习科学研究的基本方法和技巧，如观察、测量、记录和分析等，培养观察力、抽象思维和科学精神。

通过小小竹课题研究，学生们将能够深入了解不同竹种的特征和生长规律，提高科学素养和理解能力。他们将学会收集和整理数据，进行数据分析和比较，从而培养逻辑思维和实证研究能力。同时，学生们还将通过研究报告的撰写和展示，提升表达能力和沟通能力。开设竹研究活动，学校旨在激发学生们对竹的兴趣和热爱，并培养他们对自然和环境的关注和保护意识。学生们将通过亲身参与研究，深刻体验到科学研究的乐趣和意义，为成为未来的科技创新人才奠定坚实基础。

5. 同过竹节日

传统节日：传统节日是中国传统文化形成与发展历史的集体记忆。通过将传统节日纳入课程开发，学校希望让学生们能够更深入地了解传统节日背后的故事和文化内涵。学生们将通过学习节日的起源、发展历程以及相关的传说故事，进一步认识和理解中国传统文化的博大精深。通过实践活动，学生们可以亲自参与制作传统节日食品、制作传统手工艺品等，深入感受节日的喜庆氛围和传统文化的魅力。这样的教学方式不仅增加了学生们对传统节日的了解，也培养了他们的实践能力和团队合作精神。

"竹小"两大校本特色节日：竹文化节、中国古代经典诵读节。在单年份举行的中国古代经典诵读节上，学生们会穿上传统服饰，通过诵读《诗经》《论语》等古代经典文学作品，感受千年文脉的流转与传承。孩子们在老师的指导下学习古典文学的韵律与意境，用稚嫩的声音吟诵历史，不仅锻炼了语言表达能力，也对中华优秀传统文化有了更深刻的认识。这些活动旨在激发学生的民族自豪感，让他们在古文化的海洋中建立起对自己文化身份的坚定信心。

双年份则迎来充满活力的竹文化节。整个校园被竹艺装饰所点缀，营造出一种青葱翠绿的氛围。在这一天，学生们会参与各种以竹为主题的活动，如竹画展览、竹诗朗诵、竹乐演奏和竹舞表演等，充分感受竹子的文化魅力和艺术价值。孩子们还会参加竹工艺制作工坊，亲手编织竹篮、搭建竹屋，体验竹子的实用性与培养环保理念。这些互动式的体验活动不仅让学生们在实践中学习和创新，也加深了他们对于竹子以及更广泛的自然环境的保护意识。

6. 学做竹君子

宣传阵地：竹是中国人感物喻志的象征，君子往往都具有竹品性，故有"竹君子"说法。学校利用宣传橱窗，每月一期进行宣传。通过一期期"竹君子"优秀人物的介绍并组织讨论，引领竹娃们以谦谦"竹君子"为师，立品正行，学习做有根有节之人。同时，学校也组织讨论与分享活动，让竹娃们能够深入了解这些竹君子的思想、行为和他们对社会的贡献。

这样的活动旨在引领竹娃们以谦谦竹君子为师，树立正确的人生观、价值观和行为准则。通过学习优秀人物，学生们将受到启发，培养自律、正直、谦虚、坚毅、诚实和包容的品质。他们将学会以竹为师，立足于自己的根基，坚守道德底线，追求优秀，锤炼品行，并将这些品质融入日常生活中。

我塑我行：学校重视"八礼四仪"教育活动，指导学生自觉地运用礼仪规范。学校编写《我塑我行》校本课程教材，每学期 6 课时教学，设计了相应的课程内容和教学方法。课程的目标是培养学生良好的品格和行为习惯，注重内涵修养与外在形象的综合发展。课程内容包括自我管理、友善待人、团队合作、社交礼仪等方面，通过情景模拟、角色扮演、案例分析等方式，引导学生学习并表现各方面的修养与礼仪规范，培养他们的责任感、关心他人的意识和跨文化交流的能力，培养他们能够自觉地运用礼仪规范，全面发展内外修养，并成为"最美竹娃"和具备良好礼仪素养的少年，从而实现"有所为，有所不为"的目标。

第三节 "亲竹"3.0——学习样态创新

从 2019 年到 2023 年，"竹小"以江苏省小学特色课程项目的申报与实施为重点，进入学校竹文化建设的第三阶段——聚焦"亲竹"工研坊创意课程教学，提升学生核心素养，这一阶段被称为"3.0 版本"。

从 2019 年开始，"竹小"以江苏省小学特色课程项目的申报与实施为契机，着力于研究和实践学习方式的改进与创新。在这一阶段，学校将重点放在学生学习样态的创新上，通过打造"亲竹"工研坊创意课程，鼓励学生在实践中学习，在学习中掌握技能，以激发他们的兴趣和潜能，提升学生的核心素养。学校致力于引导学生在探究和实践中培养创新意识和解决问题的能力，为其终身学习与发展打下坚实基础。

在"亲竹"工研坊创意课程中，学生将亲身参与竹文化的体验和传承。课程设计了一系列富有创意和趣味性的活动，例如制作各式各样的竹艺手工艺品，利用竹子进行科学实验等。这样的亲身实践让学生在学习中发现了问题、提出了解决方案，并付诸实践，从而使学习变得更加具体、实际和有意义。

同时，"亲竹"工研坊创意课程也鼓励学生面对挑战，并从中获得成长。学生必须面对各种难题，如设计、组装和调试竹子的结构等，这些挑战激发了他们的动手能力、创造力和解决问题的能力。在这个过程中，他们体验到了挫折与成就，懂得了持之以恒、团队合作和自我反思的重要性。通过"亲竹"工研坊创意课程，我们在学校营造了一个积极、有趣的学习环境，让学生充分体验学习的乐趣和成就感。学生们在这样的学习方式中激发了内在的学习动力，真正实现了知识的掌握和应用。

一、"亲竹"工研坊创意课程的内涵理解

"亲竹"工研坊，是结合地域特点，将随处可见的竹子作为主要材料，结合木材、塑料、布艺、铁质等，运用现代技术及工具设备进行学习实践活动的场所。

"亲竹"工研坊创意课程，是以项目化学习为课程形式，实践创新能力培养、中华优秀传统文化传承等为课程主要目标，链接学生生活，用手思考，促进思维的深度发展，带动学习方式变革的特色课程。

"亲竹"工研坊创意课程带来的学习方式的变革主要有以下几个方面：

（一）核心素养导向式学习

在"亲竹"工研坊的创意课程中，学生们不仅是竹文化的传承人，更是其创新者。课堂上，他们犹如小小探险者，挖掘竹子的历史秘密，体验手工艺制作的乐趣，亲身了解竹子在现今社会中的多元价值。学生在认识竹的同时，学习到团队合作的力量，锻炼了问题解决的能力，激发了对自然环境与可持续发展的深刻认识。

课堂外，工研坊延伸至社区活动和服务学习，以行动教育引领学生感受竹文化之美，实践社会责任。在这些富有教育意义的互动中，学生们的同理心得以增强，全球视野被拓宽，而其对人类和谐共存的思考也日渐成熟。

随着每一根竹笛的吹响，每一张竹编的完成，孩子们了解到，传承和创新并非对立，而是相辅相成。这种深入生活的学习方式，使得"亲竹"工研坊的课程超越了传统学科的边界，让学生们在与竹亲密接触的过程中成长为一代有理想、有道德、有文化、有纪律的新时代公民。在"亲竹"工研坊创意课程的熏陶之下，孩子们逐渐形成了解构旧知、建构新知的能力，拥有了面对不断变化的世界的信心和勇气。

（二）学生主导式学习

在"竹小"的"亲竹"工研坊创意课程中，学生主导式学习模式打破了传统的教育框架，将学生从被动接受知识的角色转变为主动探索和学习的参与者。在这一模式下，学生们不再是静态的知识接收者，而是变成了积极的学习者，他们的兴趣和好奇心成了学习的强大动力。

学生们参与到课程的全过程中，从项目构想开始，到实施过程中的每一个步骤，再到最终的评估和反思，整个过程都是以学生为中心。他们可以根据自己的兴趣和需求选择学习内容，这样个性化的选择让学生能够深入探究自己真正感兴趣的领域，这种深度的投入使得学习变得更加有意义和高效。

在这种学习模式下，教师的角色也发生了变化，不再仅仅是知识的传递者，而是变成了指导者和协助者。老师们提供必要的支持和引导，帮助学生在探索的路上克服困难，同时鼓励学生运用创造性思维，寻找独特的问题解决方案。

通过参与课程设计和实施，学生们不仅学会了如何自主学习，而且在团队合作中锻炼了沟通和协作的能力。他们一起讨论想法，共同解决问题，这种团队中的互助合作为学生们未来在社会中的互动提供了宝贵的经验。

此外，学生主导的学习过程还培养了学生的创新思维和问题解决能力。面对挑战时，学生们需要动用自己的知识和创造力，找到可行的解决方案。这种模式为学生们提供了一个自由探索和成长的空间，使他们能够以更加自信和有能力的姿态迎接未来的挑战。

（三）实践导向式学习

在"竹小"的"亲竹"工研坊创意课程中，实践导向式学习将学生置于真实且具体的学习情境之中，让他们通过亲身体验来探索和学习。与传统教室里以理论为中心的学习方法相比，这种模式更加注重学生的动手能力和实际操作技能的培养。学生们不再仅仅停留在书本知识的层面，而是能够通过实践活动深入理解所学内容的应用价值和方法。

在课程中，学生们会参与到制作竹篮、编织竹帘等工艺品的过程中，亲手感受竹子的质地与特性。他们不仅学习如何加工和利用竹子，还需要思考如何设计出既美观又实用的竹制品。在这个过程中，学生们的实践技能得到了锻炼，同时也激发了他们的创造力和审美能力。

除此之外，学生们还会进行竹材特性的分析和实验，通过科学的方法检验竹子的强度、韧性等物理性质。这些实验不仅让学生们对竹子有了更深入的认识，也使他们学会了如何运用科学原理来解决实际问题。

实践导向的学习方式强调学以致用，让学生们在解决实际问题的过程中提升自己的综合能力。通过这样的教育模式，学生们在掌握知识的同时，也提高了自主思考和创新解决问题的能力。他们变得更加自信，更愿意主动探索未知的领域。

此外，这种学习方式还极大地提高了学生们的学习热情。在实践中学习，使得原本枯燥的理论知识变得生动有趣，学生们在享受创造和实践的乐趣的同时，也在不断地学习和成长。他们开始期待每一次的学习过程，享受从中获得的每一个成就。

（四）个性化学习

传统的教育模式通常固化了课程的内容和进度，无法充分考虑到每个学生的个性化需求。与此不同，"亲竹"工研坊创意课程充分重视学生的兴趣和特长，通过项目化学习的方式，赋予学生更大的自主权和选择权。在这种个性化的学习环境中，学生可以根据自己的兴趣选择项目任务，并按照自己的节奏进行学习。这样的学习方式不仅满足了学生的个性化需求，同时也赋予他们更大的学习自主权，激发了他们的学习动力和积极性。通过参与自己感兴趣的项目任务，学生们更加投入学习，并在实践中获得自信和满足感。个性化学习方式还有助于发现学生的潜能并加以培养，促进了他们的全面发展。这种学习方式的灵活性和个性化特点，为每位学生提供了更多发展的可能性，使其在学习过程中更加快乐、主动，从而获得更多的成就感和满足感。

总而言之，"亲竹"工研坊创意课程通过学习方式的变革，将学习从被动、抽象的状态转变为主动、实践的状态。学生在实践中参与，思考和解决问题，更加深入地理解和掌握知识，培养了创新思维、合作能力、解决问题的能力等综合素养。这种变革的学习方式不仅能够提高学生的学习效果，还为他们的终身学习和未来发展打下坚实的基础。

二、"亲竹"工研坊创意课程的实施路径

在学校竹文化观照下，"竹小"力图对 "亲竹"工研坊创意课程愿景中"学生的形象"作出比较清晰的设计与描述。"野竹野竹绝可爱，枝叶扶疏有真态"，此真态与学生核心素养相关联，即培养具有劳动意识、运用技术解决问题等实践创新素养的，以及具有批判质疑、勇于探究等科学精神的人。课程的具体实施路径如下：

（一）建设多样态"亲竹"工坊空间，提供实践场所

"亲竹"工研坊创意课程的开设，首先要建设用于学生课程学习的工坊空间。从儿童立场及课程学习需要出发，这样的工坊空间应该是多样态的。

首先，多样态的工坊空间应该包括校内和校外的资源。学校可以设置专门的工坊教室，配备相关的工具、材料和设备，供学生进行竹工艺制作和实践活动。同时，还可以充分利用校园内的竹林资源，组织学生进行竹文化的实地考察和观察，深入了解竹的生长过程和利用价值。此外，还可以将工坊活动扩展到校外，例如利用社区资源、合作机构或当地竹制品工坊等，开展实践活动和实地参观，拓宽学生的视野。

其次，多样态的工坊空间还应包括网络空间。通过虚拟平台和在线教育工具，学生可以在线学习和参与"亲竹"工研坊创意课程的活动。这样的设计可以满足学生对灵活学习的需求，使他们不受时间和地点的限制，

随时随地参与课程学习和实践活动。同时，网络空间也为学生提供了与其他学生、教师或专家进行互动和合作的机会，促进交流和分享。

校内外的工坊资源和网络空间的应用将相互补充和拓展，为学生提供更多选择和参与的机会，激发他们的学习兴趣和创造力，促进实践创新能力的培养与发展。

（二）教学"8+4"个工坊实践基本技法，培养学生的科创技能

在工坊实践中，学生需要学习并掌握一些基本的制作方法，这些基本技法是学生进行竹主题创意实践活动的基础。这些技法包括折、粘、编、刻等八种基本制作方法以及四个基本防护技能。通过这些基本技法的学习，学生不仅能够熟练地操作竹子这一天然材料，还能深刻理解其独特的质地和美学价值。在工坊实践操作中，学生必然会运用各种材料及工具，因此加强学生防护教育，指导学生掌握基本的防护技能就显得尤为重要。在这个过程中，有几个基本的防护技能是至关重要的。通过加强学生防护教育，指导学生掌握这些基本的防护技能，可以有效地降低学生在实践操作中发生意外的可能性，保障他们的人身安全。

（三）实施 60 个工坊创意制作项目，激发学生的创造力

从学生身心特点及学科知识能力水平出发，紧扣核心素养培养目标，按五个主题、领域选择与学生生活体验相关的 60 个创意制作项目，分年级实施（见图 2-13）。创意制作项目涉及多个学科领域，如科学、艺术、数学、技术等。通过实施 60 个创意制作项目，学生能够综合运用所学的学科知识，跨学科学习，培养学科整合能力和综合应用能力。同时，学生通过参与竹制品的设计和制作，能够加深对传统文化的认同和理解，并丰富文化体验，培养对传统文化的自豪感和热爱之情。

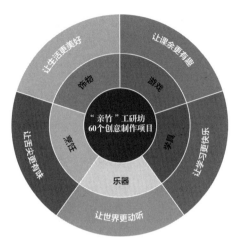

图2-13 "亲竹"工研坊60个创意制作项目类别

（四）进行12个"小小竹课题"研究，培养学生自主学习能力

学校依托南京林业大学竹类研究所的学术支持，充分利用学校竹资源，从各年段孩子不同认知、能力水平出发，设计12个小小竹课题，进行研究学习活动，激发学生研究兴趣，如看一看、比一比校园内部分属种竹子的叶、枝、节、鞭等形态特征，测一测生长数据，查阅有关资料等，让学生在自主、合作、探究的过程中提升能力素养。

（五）构建强大教师团队，提升教师专业素养

"亲竹"工研坊创意课程对学校教师专业能力提出新的挑战。教师在国家基础性课程教学外，还将承担更多拓展性课程及研究性学习的指导工作。创意课程指导教师要成为研究者，要向篾匠、木工、电工等学习，知识要全面，思维要创新，要有更高的审美情趣。学校坚持每年开展教师创意制作大赛，提高教师创意实践能力。学校加强项目化教师团队建设，共同协作。课程培训中，将项目式学习（PBL）及科学、技术、工程、艺术数学（STEAM）课程设计实施，物联网技术运用等作为重要内容，引导教师更新教育理念。学校教导处加强课程规划与管理，先后组织教师到上海、浙江、广州等地培训考察。学校将加强科学、综合实践、信息等学科教学工作，加大人员编制的安排，现有教师逐步实现专职化。

（六）搭建课程网络平台，实现资源共享

学校依托六合区智慧教育云服务平台，构建校本资源库，让教师将教案、课件及学生实践作业等上传到平台，实现资源共享；学生可以利用身份认证账号登录进行自主学习，实现云端一体化。这样的云端学习使学生可以更加方便地获取知识和资源，提高学习效率与灵活性。多年来，学校坚持利用 CCTALK "成竹空中课堂"直播名师课程，"线上交流分享 + 线下实践活动"，共生成 580 多节视频资源课程，可供学生回放学习，满足不同学生的学习需求；学校基于网络学习，在科学、技术、工程、数学（STEM）室配备"智能教学控制系统"，其具有录播与开放平台课程的功能，学生们可以在实践活动中进行录像，并将其分享到平台上，与其他同学进行交流和互动。

通过搭建课程网络平台，学校实现了学生学习的自主性和互动性，为学生提供了更丰富的学习机会和资源。平台上的多样化学习材料和活动，以及与优秀教师和同学的互动，将激发学生们的学习兴趣和创造力，培养他们的自主学习能力和团队合作精神。同时，学校也进一步提升了教师的教学水平和资源分享能力，实现了师生共同发展的目标。

三、"亲竹"工研坊创意课程的发展方向

随着教育的不断发展和社会的变革，"竹小"对于"亲竹"工研坊创意课程的未来发展有着更高的期望和要求。"亲竹"工研坊创意课程将致力于培养学生全面发展的核心素养，主要包括创造力、实践动手能力、科学探究能力、解决问题的能力和创新思维。

（一）拓展课程领域

除了基础的创意制作项目，学校通过引入"亲竹"工研坊创意课程，进一步拓展了课程领域，涵盖了科技创新、艺术设计和环境保护等专题。这样的拓展旨在满足学生不同的兴趣和发展需求，提供更全面、多样化的学习内容，并培养学生的创新能力、实践能力和综合素养。

在科技创新领域，学生将接触到现代科技的应用和发展趋势。他们可以参与科技制作和编程课程，学习电子技术、机器人制作、编程语言等知识，并尝试设计和制作创新科技作品。这将激发学生对科技的兴趣和热情，培养他们的创造力和问题解决能力。

在艺术设计领域，学生将有机会发展自己的创意和艺术表达能力。他们可以参与绘画、雕塑、摄影、音乐等艺术类课程，学习不同艺术形式的表现技巧和创作方法。通过实践和创作，学生将提升审美意识和艺术技能，培养创新思维和艺术感知能力。

在环境保护领域，学生将了解环境保护的重要性和方法。他们可以参与环境科学与保护课程，学习可持续发展理念、环境监测技术和节能减排策略等知识。通过实践和参与环境保护项目，学生将培养环保意识和责任感，积极参与到环境保护和可持续发展的行动中去。

通过拓展这些课程领域，学校为学生提供了更多元化的学习内容和发展空间。每位学生都有机会根据自己的兴趣和天赋，拓展自己的知识领域，培养跨学科的综合素养，具备更全面的能力。

（二）强化跨学科融合

"亲竹"工研坊创意课程未来的发展将加强不同学科之间的交叉融合，促进跨学科思维和解决问题能力的培养。学校将在创意项目中鼓励学生综合运用各学科知识，将科学、技术、工程、艺术和数学等不同领域的知识有机结合，以创新性的方式解决现实问题。

在"亲竹"工研坊创意课程中，学生将有机会运用数学知识来进行设计计算和材料优化，运用科学知识来了解材料性能和制作工艺，运用工程知识来进行实际制作和工艺改进，运用艺术知识来进行形式设计和审美考量，同时也将运用技术知识来进行数字设计和科技应用。这种跨学科的整合将激发学生的兴趣，培养他们的创新意识和问题解决能力。

例如设数据科学和编程的创意课程，让学生学习数据分析、编程技巧，并将其应用于创意项目中，例如开发智能家居控制系统、设计交互式应用程序等。通过促进不同学科间的交叉融合，学校可以培养学生的综合思维能力和创新意识，同时激发学生跨领域学习的兴趣和动力，这也有助于学生更好地理解学科间的联系和应用，并为他们在未来面对复杂问题时提供更全面的解决思路。

（三）可持续发展创意

为了培养学生的可持续发展意识和实践能力，学校将引入可持续发展的相关概念和实践，鼓励学生通过创意项目解决环境和社会问题，例如设计可循环利用的产品以及提倡能源节约的创新方案。

在这一方面，学生可以展开各种创意项目，如使用竹材设计制作可持续包装材料，或者利用废弃竹子制作家居用品等。通过这些项目的实施，学生将了解可循环利用的原理，并将这些原理应用到实际创作中。他们需要考虑材料的可再生性、使用后的处理方式以及产品的环境影响等因素，从而加深对可持续发展的理解和考量。

例如，学生可以设计利用竹材制作的简约生活用品，如笔筒、置物架、花盆等，以展示竹材的可塑性和实用性。他们也可以提出使用竹材替代传统包装材料的设想，推动对可持续包装的思考和实践。此外，学生还可以探索利用竹材进行建筑和装饰设计，促进绿色建筑和装饰理念的应用。

通过这些创意项目，学生将有机会贯彻可持续发展理念，深入了解环境保护和资源利用的重要性，并通过实际设计和创作来解决实际问题。这种实践将培养学生的环保意识和创新思维，激励他们积极投身于可持续发展的实践之中。

（四）培养拔尖创新人才

通过"亲竹"工研坊创意课程实现劳动教育与科技创新的深度融合，学校致力于在真实的劳动场景中，鼓励学生发现问题、明确任务、匹配活动内容，并选择适合的实验和观察与记录方式，从而开展劳动教育。在传授传统劳动技能的基础上，课程还将向科技领域渗透，让学生接触高新技术，了解大数据、物联网、人工智能等。

通过这一系列的实践活动，学生将不仅学习和传承传统的劳动技能，还能够将科技元素融入实际工作之中。例如，在竹艺制作过程中，学生可以借助 3D 打印技术设计并制作特定的竹制零部件，或者利用大数据分析竹材的力学特性，以进一步提升竹艺制作的品质和效率。同时，学生也可以利用物联网技术对竹制品进行智能监测与管理，从而拓展传统工艺的科技化应用。

在"亲竹"工研坊创意课程中，学生将在探究与实践的过程中形成科学思维，教师通过科技创新将劳动教育科技化，将学生的创想实操化，并将他们的作品可视化，使他们能够感受到科技的力量。这样的课程设置有助于培养学生的创新精神和实践能力，同时也促进了拔尖创新人才的早期发现与培养，为学生的综合发展提供了更广阔的空间。

（五）用竹文化点亮乡村教育星星之火

通过"亲竹"工研坊创意课程，师生对竹子品性的体悟将更深刻，与竹为友的情感也将更真切。学生将培养起"有根有节"的真态，而乡村教师则以"扎根乡村"的美丽姿态展现，将乡村教育点缀出温暖与活力的光芒。在这样的教育氛围中，乡村教育将被注入更多的活力与希望，点亮蕴藏在乡村社区的星星之火。"亲竹"工研坊创意课程将成为乡村教育中的创新亮点，通过竹文化的点缀，为乡村教育增添了一道别样的光芒。

未来的"亲竹"工研坊将不断创新和改进课程内容和教学方法，以满足学生的需求和适应社会的变化。"竹小"将积极与学生共同成长，致力于激发他们的潜力，培养并丰富他们的核心素养，为他们的未来做好全面准备。

通过"亲竹"工研坊创意课程的努力，我们期待学生将成为具有创新精神、情怀和担当的未来领袖。他们将不仅具备跨学科的知识和技能，更能够展现出创造力和领导力，成为社会发展与进步的重要推动者。

第三章

"亲竹"工研坊创意课程的建构与实施

"亲竹"工研坊创意课程是一座承载创新能力培养和中华传统文化传承等任务的桥梁，以多元化的项目化学习为形式，以引领学生们实践探索为驱动，推动学习方式的革新。

在这个富有魅力的课程中，学生们将亲身参与竹子的采集、加工与创造过程。他们通过亲自动手，亲身体验竹子的纹理和色彩，感受其生命力和独特之美。透过这种贴近自然的互动，学生们将展开一段与竹文化久远且深刻的心灵对话，同时培养坚韧不拔和完善自我的品质。这样的课程不仅是知识的积累，更是一次内在意识的觉醒与升华，将使学生们的成长之路更加丰富多彩，塑造出更加独特而充实的个体。

在竹海的静谧中，学生们默默投入自然的怀抱，心灵与竹子共振，绽放出独一无二的创意之花，为课程赋予了深远的意义。这个工坊课程不仅仅是知识的传递，更是学生成长和发展的一场饕餮盛宴。

第一节 "亲竹"工研坊创意课程的教育理念

"亲竹"工研坊创意课程的教育理念以连接自然与人文智慧为核心，旨在激发学生的创造力和创新能力。通过竹子这一独特的媒介，课程引导学生与自然亲密接触，培养学生对自然的敬畏与热爱之情，并扎根于中华传统文化的源泉，传承和发扬优秀的文化传统。

在这个教育理念的引导下，"亲竹"工研坊创意课程注重培养学生的审美素养，引导学生发现美、欣赏美和创造美。学生们通过亲身参与竹子的处理和创作过程，不仅感受竹子的独特之美，也发掘了自己对美的感知和表达能力。他们通过观察竹子的纹理、形态和色彩等自然美的元素，培养了鉴赏力和审美意识。同时，在与中华传统文化的融合中，学生们从传统文化的智慧中获得创造力，体验到美的悦享和美的表达。学生们将在自然与文化的启迪下，拓宽视野、提升能力，成为拥有文化自信和社会担当的全面发展的新时代人才。

一、课程哲学

"竹小"将"竹"作为文化图腾。"竹"成为学校文化建设的精神来源。基于"成竹文化"的内涵特征，学校将校训确定为"悟竹立品，成竹正行"。这体现了"竹小"的育人目标与教育理念。

"悟竹"代表着对竹文化的深入理解和领悟，同时也象征着对自然的敬畏和热爱。这一概念鼓励学生们通过亲身经历与竹子的亲密接触，感悟并学习到竹子所蕴含的坚韧、虚心、进取等品质，进而培养自己的思辨能力和洞察力。

"立品"是指在竹子的启示下，树立起高尚的品德和价值观念。学生们应该在日常生活中注重培养良好的道德素养，学会尊重他人、正直诚信、勇于担当等品格，学习竹子坚守廉洁正直的精神。

"成竹"则传达了培养学生的目标与期望。这个概念鼓励学生在学习和成长过程中，树立正确的目标与方向，努力追求卓越和完美。类比"成竹在胸"，学生应该在心中形成清晰明确的规划和目标，从而在未来的道路上取得成功。

最后，"正行"强调行动的力量和重要性。一切观念只有落实于行动才具有意义。"竹小"提出的"道德、性情、价值"三品教育，并不仅是一个高悬的教育理想。我们必将通过一系列踏实的教育活动落实这一理念，引领全校师生勤于修身，提升自身道德修养、塑造自我价值、陶冶内在性情，使自身成为有根有节之人。"竹小"对道德教育、性情教育、价值教育三方面的思考源于对"竹"的特性的感悟，因此将"悟竹立品"写入校训，希望全体师生养"三品"、作君子。

"亲竹"工研坊创意课程的课程哲学秉持着学校的教育理念和育人目标，以培养有根有节之人为出发点，结合中华竹文化的智慧与精神，为学生提供丰富多样的创意学习体验。

首先，"亲竹"工研坊创意课程引导学生通过与竹子亲密接触，深入理解竹文化的内涵和特点。学生们将通过实践与观察，悟解竹子所蕴含的坚韧、谦逊、虚心、进取等品质。这激励学生们在面对学习、工作和生活的挑战时，能够保持坚韧不拔的毅力和谦逊的态度，同时以虚心和进取的心态不断追求进步和成长。

其次，课程注重立德树人，培养学生的品德与价值观。以坚守廉洁正直的精神的竹子为榜样，课程引导学生在日常生活中培养良好的道德素养，树立高尚的品德观念。学生将学会尊重他人、正直诚信、勇于担当等品格，从而构建自己的人格魅力和社会责任感。

此外，课程强调通过树立目标和正确行动实现自身的成长。以"成竹"为核心，鼓励学生树立清晰明确的发展目标和规划，努力追求卓越和完美。学生需内心怀有坚定信念和清晰目标，通过切实有效的行动去实现自己的理想和目标。

最后，"亲竹"工研坊创意课程注重将课堂学习与实际行动相结合，培养学生的综合能力和实践能力。通过创意项目的设计与实施，学生将获得实际的动手经验，提升团队合作、问题解决和创新思维能力。通过理论与实践相结合，学生将全面发展，并在实践中体验和实现自己的创意潜能。

"亲竹"工研坊创意课程的课程哲学围绕着核心"竹"，从竹文化、竹创意和竹精神三个层面展开，旨在引导学生深入体验和理解竹子所蕴含的丰富内涵。

（一）竹文化的传承与创新

"亲竹"工研坊创意课程以竹文化作为核心，旨在传承与创新中华竹文化的精髓。课程通过深入传授竹文化的历史、特点和艺术表现形式，激发学生对竹文化的兴趣和热爱。学生们将学习到竹文化的哲学思想、艺术形式和实际应用，同时也被鼓励提出个人创新的想法和观点，将竹文化与现代创意相结合，开拓新的领域和可能性。

学生将被激发去思考如何在竹文化的基础上进行创作和创新，为传统文化赋予当代意义，并将其融入现代生活和创意产业中。这样的课程将在培养学生对传统文化的尊重与理解的同时，也激发出他们的创造力和创新精神，为中华传统文化的传承与发展注入新的活力和可能性。

（二）竹创意的培养与展示

"亲竹"工研坊创意课程注重培养学生的创意思维和创造力。通过观察竹子的特征、形态和质感，学生们将激发灵感，提出并实现创意点子。课程鼓励学生进行创意设计、手工艺制作和艺术表达等实践活动，展示他们独特的竹创意作品。他们将学会如何将观察和灵感转化为创作，如何用自己的作品表达对竹文化的理解和热爱。这不仅培养学生的审美意识和手工技能，同时也促进他们的自我表达和自信心的发展。

（三）竹精神的培育与品德教育

"亲竹"工研坊创意课程倡导培育学生的竹精神，即坚韧、谦逊、进取、品德正直等品质。学生通过亲身经历与竹子的亲密接触，感悟与学习到竹子所蕴含的精神内涵。学生们将发展自己的思辨能力、洞察力和守正不阿的品德。在这个课程中，学生们将通过接触竹子，感受到竹文化所蕴含的精神品质，领悟到坚韧不拔、谦逊谨慎、进取向前的品质。他们将在理解和体验竹文化的过程中，培养自己的心志和毅力，学会克服困难，不断进取和自我提升。同时，课程也着重强调道德教育与品格塑造，引导学生在日常生活中注重培养良好的道德素养，包括尊重他人、正直诚信、勇于担当等品格。

二、课程性质

（一）课程定位

"亲竹"工研坊创意课程是一个融合竹文化、科创设计和人文教育的综合性特色课程。课程旨在以竹子作为载体，引导学生培养对自然的关注和感知能力，培养创造力和创新能力，提升学生的审美意识和艺术才能，同时强调品德教育和人文关怀。

课程以竹文化为基础，引导学生深入了解竹文化的历史、传统和艺术，通过体验竹子的特性和美感，培养对传统文化的热爱之情和传承意识。同时，通过创意设计的实践活动，学生将发展观察力、想象力和创造力，培养创意思维和解决问题的能力。学生们将学习使用竹子进行手工艺制作、艺术表达和设计创新，并将这些技能应用于个人创作和实际项目中。

此外，"亲竹"工研坊创意课程注重品德教育和人文关怀。通过与竹子的亲密接触，学生将感受到竹所蕴含的坚韧、谦逊、进取和正直的精神。课程鼓励学生树立正确的人生观和价值观，培养高尚的品德观念和积极向上的人生态度，关注他人、尊重他人并担当社会责任。

总之，"亲竹"工研坊创意课程的定位是一个综合性的课程，通过竹文化、创意设计和人文教育的融合，培养学生的创造力、创新能力、审美意识和品德修养。该课程旨在为学生提供一个全面发展的平台，使他们成为有独立思考能力、创造力和高尚品德的有根有节的社会人。

（二）课程功能

学校的特色课程旨在独特而全面地培养和发展学生的素养。这些课程结合学校的办学理念和办学特点，旨在满足学生个性化成长的需求，并培养他们具备综合能力和创新精神。

"竹小"结合我国三级课程的管理立场，并考虑到学校所在地区的地域特色及独特的文化元素，提出了"亲竹"工研坊创意课程所应承担的基本功能和任务，主要体现在以下几个方面：

一是"亲竹"工研坊创意课程承担培养学生核心素养的任务，实现学校"为培育有根有节之人奠基"的育人目标。

一方面，课程通过竹文化的引入，向学生传递着核心的价值观和人文精神。竹文化以其深厚的历史底蕴和人文内涵，用以培养学生的道德品质、审美情操和文化自信。通过参与竹文化的学习和实践，学生能够加强对传统文化的尊重和理解，同时也能够在创造性的实践中锻炼自己的创新思维和解决问题的能力。

另一方面，课程注重培养学生的综合素养。通过亲自动手的创意设计和手工制作项目，学生能够培养实际操作能力、团队合作精神和创造力。他们将学习到设计思维和实践技能，同时也能够在项目中经历挫折和改进的过程，培养坚韧品质和适应能力。

二是通过"亲竹"工研坊创意课程的开发转变学生的学习方式，寻求学生个性成长的空间。

首先，该课程采用了富有趣味性和创造性的教学方法，如创意设计和手工制作。这种方式能够激发学生的学习兴趣和动力，让他们在实践中体验到学习的乐趣和成就感。学生通过亲自动手、发挥想象力，参与到竹文化的探索和创作中，这能够培养他们主动学习的意识，以及提升他们的问题解决能力和合作精神。

其次，该课程注重学生个性的发掘和尊重。通过提供多样化、灵活的选择和活动，让学生能够根据自己的兴趣、特长和学习风格，选择适合自己的学习路径。例如，他们可以选择从事竹雕艺术、竹编手工等不同方向的创作，充分发展和展现自己的个性和才艺。这种学习方式能够激发学生的自主学习能力和创造力，让他们在发展个性的同时，也能够获得对自己的肯定和成长。

通过"亲竹"工研坊创意课程，学生们将能够体验到一种独特的学习方式，从传统的被动接受转变为主动参与和创造。他们将能够发挥自己的想象力、创造力和运用批判性思维，培养自主学习的意识和能力。同时，课程也注重个性成长，为学生提供了展示自己特长和个性的机会，让他们在实践中发现自己的潜能和价值。通过这种学习方式的转变，学生们将能够更好地适应未来社会的变化和挑战，并积极追求个人目标和成就。

三是充分利用学校的实践平台，提升教师课程开发的专业水平，促进教师专业发展。

首先，通过充分利用学校的实践平台，教师们可以获得实践机会和资源支持，以实际操作和实践探索的方式来开发和改进课程。他们可以与同事和学生一起合作，在创意设计和手工制作项目中体验和实践，从中积累经验和教训。这种实践基础上的课程开发，能够使教师在理论和实践层面更加深入地理解课程内容和教学目标，并从中不断提升自己的专业水平。

其次，课程还提供了培训和研讨会等机会，帮助教师进一步提升专业能力。教师可以参加"亲竹"工研坊创意课程的专业培训，学习竹文化领域的专业知识和技巧。这些培训为教师提供了学习交流的平台，能够增加他们与行业内其他教师合作和共享经验的机会。通过与行业专家和同行的互动，教师们能够不断拓宽视野、深化了解，并将这些新知识和技能应用于课程开发和教学实践中。

通过充分利用学校实践平台和专业培训机会，教师课程开发的专业水平将得到提升。教师们将能够更加自信地设计和组织富有创造性和实践性的教学活动，使课程更加丰富多样、生动有趣。同时，他们还能够将新的教学策略和方法引入自己的教学实践中，提高教学效果和学生的学习成果。这样的专业发展机会和平台，不仅能够让教师们在教学工作中取得进步，还能够激发他们的工作热情和创造力，为学生提供更优质的教育体验。

四是探索出乡村学校"1+N"的发展路径。聚焦特色课程，用竹文化引领办学，将其贯穿于校园文化建设、教师队伍建设、课程设计等方方面面。

首先，该路径聚焦于特色课程的建设。乡村学校可以通过深入挖掘本地特色和资源，开设独具特色的课程，如"亲竹"工研坊创意课程。这些特色课程能够吸引学生的兴趣，激发他们的学习热情，并在学校内树立起独一无二的教育品牌。

其次，乡村学校将竹文化作为引领办学的核心理念。竹文化贯穿于校园文化建设、教师队伍建设和课程设计的各个方面。学校可以通过举办竹文化艺术展览、组织竹文化讲座等活动，让学生亲身感受和了解竹文化的魅力。同时，学校还可以培养教师认知和理解竹文化，使其能够将竹文化融入各个学科的教学中，提升课程的深度和广度。

此外，乡村学校通过丰富的教育资源和活动，实现了N个抓手推动"五育并举"的目标。这些抓手包括课外兴趣小组、社会实践活动、科技创新比赛等形式。通过这些抓手活动，学校能够提高学生的兴趣和参与度，拓宽他们的视野，培养他们的人文素养和实践技能。这种全面发展的教育模式能够培养学生的创新精神、合作意识和领导才能，让他们具备独特的文化情怀和文化自信。

通过以上措施，"竹小"学校走出了一条具有文化特色的发展之路。聚焦特色课程，用竹文化引领办学，通过丰富的教育资源和活动实现 N 个抓手推动"五育并举"的目标。这一发展路径不仅使学校在教育领域中展现出独特魅力，也为学生提供了更广阔的成长空间，培养了他们的文化自信和综合素养。同时，这一发展模式为其他乡村学校提供了借鉴和参考，共同推动乡村教育的进步和发展。

三、课程目标

基于"成竹"校园文化，"亲竹"工研坊特色课程的愿景是：打造一个创新、探索、实践的学习环境，以竹文化为核心，培养学生的综合素养和创造力，激发学生的学习热情，让他们成为有根有节的耕耘者。

在制定课程目标的过程中，主要是以培养学生的审美能力和审美情感为线索。课程设计不仅注重学生技能的学习，还着重关注学生思想品德和多方面潜能的全面发展。课程注重培养学生的创造意识和创新能力，还强调培养学生的劳动意识和实践创新素养。通过实践性的课程设计和项目实施，鼓励学生动手实践、运用技术解决问题，并培养他们在实践中进行创新的能力。课程致力于形成批判质疑和勇于探究的科学精神。通过引导学生提出问题、开展探索以及运用科学方法进行实验和推理，促使学生发展批判性思维，培养他们对知识和现象的质疑能力，并激发他们勇于探索的精神。这样的课程目标导向将为学生提供全面成长和发展的机会，培养他们成为全面发展的个体。

（一）课程总目标

培育如竹般"有根""有节"的新时代青少年。

有根：德性之基、礼仪之基、价值之基。

有节：正道坚守、持之以恒、自我调适。

🎋 德性之基

竹子以其质朴、端庄的品质被赋予德行之基。正如竹筠常青，有根之人坚守正道、遵守道德准则，并在日常生活中展现出高尚的德性。他们在品德方面深深扎根，不因受外界的干扰和诱惑而动摇。

礼仪之基

竹子的笔直、挺拔姿态彰显了礼仪之基。有根之人注重礼仪和端庄的态度，尊重他人，懂得与人为善、待人有礼。他们以良好的行为举止来展现内在的修养和价值观，在人际交往中表现得彬彬有礼。

价值之基

竹子以其朴实无华的外观彰显了价值之基。如同竹子拥有谦逊清廉的品质，有根之人珍视真正的价值观，不追求虚浮，懂得节俭而有所节制。他们在物质和精神层面保持清廉，以真诚和谦逊的态度对待生活和他人。

正道坚守

古人云："竹身形挺直，宁折不弯，是曰正直。"有节之人能够坚守正道，不偏离也不偏袒。他们以坚定的意志和正直的品质追求事业，始终保持清正廉洁的态度，不因外界的干扰和利益诱惑改变自己的行为准则。

持之以恒

竹子以其坚韧不拔的特性而闻名，有节之人也具备持之以恒的品质。他们在面对挑战和困难时不轻易放弃，坚持不懈地努力追求目标。就像竹子不被外力所摧毁一样，他们具备坚强的毅力和耐力，勇往直前，始终保持积极向上的态度。

自我调适

竹，越冬而不凋。有节之人也能够进行自我调适。他们懂得顺应自然规律和社会环境，灵活地面对变化和挑战。他们在面对困难时能够调整自己的心态和行为，适应变化，并寻找到最佳的解决方案。

（二）课程具体目标

1.培养学生的思想品德：课程注重培养学生的道德品质、社会责任感和良好的行为习惯，通过竹文化的精神内涵，引导学生思考生活的意义和价值，培养他们的人文素养和公民意识。

2. 培养学生的创造意识和实践创新素养：通过实践性课程设计和手工制作项目，激发学生的创造力和解决问题的能力，培养他们的艺术表达能力、动手能力和创新思维。

3. 培养学生的劳动意识和技术应用能力：课程鼓励学生通过动手实践来体验劳动的价值，培养他们认识和尊重劳动。同时，课程也注重运用技术解决问题，培养学生在实践中熟练运用技术的能力。

4. 培养学生的审美能力：通过竹文化的引领和实践性课程设计，培养学生对美的敏感性和欣赏能力，提升他们的审美情感和艺术鉴赏能力。

5. 培养学生的批判质疑和勇于探究的科学精神：课程设计注重培养学生的批判思维和质疑精神，鼓励他们主动提出问题，思考原因和逻辑，并通过科学方法进行探究。课程激发学生对知识和现象的质疑能力，培养他们勇于探索的精神。

第二节 "亲竹"工研坊创意课程的建构

"亲竹"工研坊创意课程以竹子作为核心素材，结合科技创新和实践技能，旨在激发学生的创造力和动手能力。课程分为多个模块，涵盖竹子的特性与价值、竹子的加工与制作、科技创新与实践应用等内容。通过这些模块的学习，学生将不仅仅是对竹子有了更深入的了解，更是锻炼了自己的动手能力和创造力。他们将学会结合传统技艺和现代科技，通过自己的创新和实践，为竹文化的传承与发展贡献自己的力量。

一、确定课程内容的基本原则

（一）可玩性原则

通过提供与竹子亲密接触和创意学习体验的机会，"亲竹"工研坊创意课程注重将实践和趣味性相结合，以增加课程的趣味性和吸引力。课程设计将引入一系列有趣的活动，让学生在愉悦的氛围中积极参与学习和创作。例如，学生们将在教师的引导下学习制作各种竹制品，如笔筒、酒杯、系带等。他们将亲身体验到竹子的韧性和适应性，感受到竹艺设计的乐趣和成就感。通过实践的过程，他们不仅锻炼了手工技巧，还培养了耐心、细心和创造力。这种实践性的学习体验能够激发学生的好奇心和创造力，让他们能够在学中玩、玩中学，全方位感受到竹子散发的智慧与精神。

（二）多样性原则

在"亲竹"工研坊创意课程的建构中，我们遵循多样性原则，提供丰富多样的学习资源和项目选择，旨在满足学生的不同兴趣和需求。通过多样性的学习内容，激发学生的独立思考和创造力，并促进他们在竹文化领域中展现个性和潜力。

首先，课程内容包括竹文化的历史、传统与现代创新。通过深入了解竹文化的起源、发展和演变，探究竹子的内涵与特质，学生们可以体验到传统竹艺的魅力和智慧，并了解到竹子在社会、经济和环保方面的作用。同时，引入竹文化的现代创新，让学生探索竹子在科技、建筑、设计等领域的应用，激发学生们对于竹文化的新思考和创新创造。

其次，课程内容还包括竹制品的制作与设计。学生们将学习竹子的属性、加工技法和制作工艺，掌握基本的竹艺制作技巧。在教师的指导下，他们可以尝试制作竹筷、竹篮、竹纸等竹制品，锻炼手工技巧和创意思维。同时，鼓励学生们在制作过程中加入个人的设计和创新，发挥想象力和审美能力，创造出富有个性和独特性的作品。

此外，"亲竹"工研坊创意课程还将竹艺与其他学科的结合纳入学习内容中。例如，与语文、数学、道德与法治、音乐、体育等学科相结合，学生们能够全方位地学习和体验竹文化，拓宽知识面和视野，培养综合能力和跨学科思维，深化对竹文化的理解和感受。这种综合学习的方式将使学生们更好地应对跨学科的挑战，提高学习的综合素养和创新能力。

（三）生活性原则

生活性原则着重将竹文化与学生的日常生活相融合，促进学习的实用性和可应用性。通过鼓励学生将竹子应用于解决现实生活问题，甚至设计一些与环保、建筑相关的实践项目，培养学生的实践能力和创新思维。

在学生的日常生活中，他们可以通过参加竹艺制作的活动，自己动手制作一些实用的竹制品，如筷子筒等。这不仅能够满足实际需求，还能够促进学生的动手能力和创造力的发展，让他们感受到自己的付出和成就。

此外，鼓励学生思考如何将竹子应用于环保方面。例如，可以组织学生们思考如何利用废弃的竹子制作环保材料或制作出可再利用的家居用品。通过这样的实践项目，学生们不仅能够了解到竹子的环保特性，还培养了环保意识和创新思维。

（四）挑战性原则

为了鼓励学生超越自我，勇于尝试和创新，"亲竹"工研坊创意课程设置一定的挑战和难度，并提供各种参与活动的机会。通过参与竹林生态保护、竹艺设计竞赛等活动，学生们能够在挑战中培养解决问题的能力和创新精神。例如，学生们可以参与竹苗的种植、竹枝的修剪等，通过实际行动感受到生态环境的变化，培养环保意识和责任感。学生们还可以利用所学的竹艺知识和技巧，设计和制作出独特的竹艺作品，并参加竞赛。这不仅是对他们设计能力和创意的考验，还能够激发他们追求卓越和创新的意识。这样的实践活动不仅能够培养学生解决问题的能力和创新精神，还能够激发他们的自信心和勇气，鼓励他们超越自我，不断追求卓越。

教学案例 3-1：竹文雅集·乐

一、教学目标：

1. 学习竹文雅集中关于乐器的字。

2. 了解乐器、欣赏音乐，感受中国文化的魅力。

3. 进一步激发探索竹文雅集文化墙的兴趣，培养对中国文化的热爱之情。

二、教学重点：

了解乐器、欣赏音乐，感受中国文化的魅力。

三、教学难点：

进一步激发探索竹文雅集文化墙的兴趣，培养对中国文化的热爱。

四、教学准备：

1. 让学生对竹文雅集文化墙进行初步了解。

2. 自主预习文言文《滥竽充数》和词《江城子》。

五、教学过程：

（一）导入

同学们，我们学校有这样一面墙，每当我们上学放学的时候总是会路过它，大家看（出图）。这面墙有个好听的名字，它叫"竹文雅集"。大家来看看，这

面墙有什么特点？（指名回答）

是的，大家都能发现这些字都和竹子有关系，所以都是竹字旁。同学们，我们再来看看这几个字（出图），你又发现了什么呢？

（这些都是乐器。）

对的，同学们真聪明，这些都是与竹子有关的乐器，也是中国特有的乐器，它们是古老而优美的乐器，也是文人骚客喜爱的乐器。今天，就让我们一起穿越时空，只带上你的耳朵，放空你的心情，让我们去与这些乐器面对面，与古人谈谈心，听古人之所听。

（二）认识竹文雅集中关于乐器的字

1. 出示图片。

2. 领读"笙""簧"，齐读：筝、竽、箫、笙、簧、笛（形声字）。

箫下方为：撇、竖、点、点。

3. 书写（老师板书，学生书空）。

（三）品味竽

过渡：同学们，看，这里面有一个字我们都不陌生，它是本学期出现的。没错，这就是"滥竽充数"中学习到的"竽"。这则成语故事学完了，想必大家对这篇课文都了然于心。但是同学们了解乐器"竽"吗？哦，大家都沉默了，有的还摇摇头。没关系，今天我们就来好好了解了解"竽"。

1. 出示图片，这就是竽。

2. 让我们一起来了解了解它。

3. 同学们，竖起耳朵。让我们来欣赏欣赏竽吹奏的名曲《孔雀东南飞》。你可以闭上眼睛仔细聆听，感受感受这古老而美妙的音乐。（播放音频）

4. 哪些同学能说说你听完后的体会？竽的声音在你脑海中留下了怎样的印象？

5. 同学们，我们虽然没有学习文言文，但是今天我想让你们挑战挑战，学习《滥竽充数》的原文。别害怕，文章很短，再说有了《滥竽充数》现代文的学习基础，我相信这篇短小的文言文根本难不倒你们。

6. 出示原文，由于《滥竽充数》的现代文这学期我们也学习过，同学们对这篇故事并不陌生。请大家先尝试着读一读，想想应该怎么断句，圈画出不理解的字词。

7. 出示注释，重点讲解。 ①成语：南郭处士（拼音：nán guō chǔ shì）。解释：郭指外城墙，南郭指南城，比喻无真正的才干而混在行家里面充数的人。 ②说：悦，通假字。 ③廪食以数百人：官府供食。廪：粮仓。食（第四声一般用作动词）：给东西吃。

8. 指导朗读。（教师范读、学生练读、指名读、男女生竞读、齐读、比赛背诵）可以用节奏小棒辅助学生朗读。

看，同学们，这篇现代文课文我们学过了，现在居然就这样用寥寥几句文言文概括了，你们看，文言文是不是有别样的韵味呢？

（四）品味"筝"

过渡：同学们看，这个词你认识吗？读"筝"。对古筝大家可能并不陌生。

1. 出示图片。

2. 了解古筝。

3. 倾听古筝名曲。（"优酷"播放《广陵散》）

让学生说说感受。（对学生任何想法都给鼓励）

4. 学习。

江城子

（宋）苏轼

湖上与张先同赋，时闻弹筝。

凤凰山下雨初晴，水风清，晚霞明，一朵芙蕖，开过尚盈盈。

何处飞来双白鹭，如有意，慕娉婷。

忽闻江上弄哀筝，苦含情，遣谁听？

烟敛云收，依约是湘灵。

欲待曲终寻问取，人不见，数峰青。

5. 指导朗读。（听录音读、同桌练习读）

6. 提问：上阕苏轼写了哪些景色？你从苏轼下阕的文字中体会到苏轼所听的古筝表达了怎样的情绪？你从哪里看出来的？

7. 配乐指名读，配乐齐读。

（五）总结

同学们，这节课我们通过学校的这面文化墙（出图），不仅欣赏了中国古典音乐之美，也领略了中国古典文学的魅力，我相信你们此时此刻都和我一样，特别庆幸自己是中国人，庆幸自己生长在一个拥有博大文化的中国。我希望通过这节课去激发你们对竹文雅集这面墙的学习兴趣，去推开语文学习和中国文化这两扇大门。相信我，你一定会发现很有价值的东西。

（六）作业

这节课的作业是复习《滥竽充数》，有能力的同学也可以背一背《江城子》。

教 学 思 考

　　"亲竹"工研坊课程通过认识汉字、认识乐器等活动，满足了多样性和可玩性原则。在课程中，学生们将学习竹文雅集中有关乐器的汉字，并了解与竹子相关的乐器，例如竹笛、古筝等。通过学习演奏这些竹制乐器，学生们将了解和欣赏到竹文雅集中竹制乐器的精妙之处，体验到竹子在音乐艺术中的独特魅力。

　　同时，课程还将引入多样性的音乐元素，如民族音乐、现代音乐等，让学生们从不同角度感受竹文雅集所蕴含的音乐文化，拓展他们的审美观念和表现方式。除此之外，学生们也将有机会参与竹乐器演奏表演、音乐创作等活动，充分释放个性与创造力，体验音乐艺术的无穷魅力。

　　通过这样具有多样性和可玩性的课程设计，学生们不仅能够认识竹文雅集中关于乐器的知识，更将在轻松愉悦的氛围中，培养自己的审美情趣，丰富自己的艺术修养，同时也激发了对音乐艺术的兴趣和热爱之情，这为他们的全面发展和个性成长提供了丰富的滋养。

二、构建课程内容的基本框架

"竹小"的成竹课程体系是由"亲竹"课程和"悟竹"课程组成的，其中"亲竹"工研坊创意课程是"亲竹"课程的核心内容。这一课程体系旨在通过一系列与竹子相关的学习和实践活动，激发学生对竹文化的兴趣，培养他们的实践能力、创新思维和环保意识，从而全面发展学生的综合素质（见图3-1）。

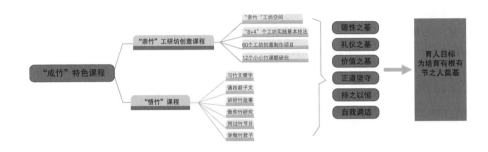

图 3-1 "成竹"特色课程框架图

（一）建设多样态"亲竹"工坊空间

"亲竹"工研坊创意课程的实施，首先要建设用于学生课程学习的工坊空间（见图3-2）。从儿童立场及课程学习需要出发，这样的工坊空间应该是多样态的，包括校内外及网络空间等。

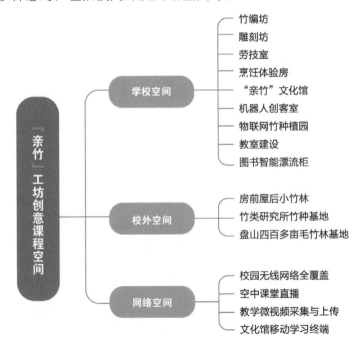

图 3-2 "亲竹"工研坊创意课程空间结构图

1. 学校空间

学校加强竹编坊、雕刻坊、劳技室、烹饪体验房、"亲竹"文化馆、机器人创客室、基于物联网技术的竹种植园等多个资源室馆的建设，使之成为支持创意课程学习的多样态工坊空间，做到无线网络全覆盖。根据各室相对区别的学习功能配置工具设备。各室空间设置尽量靠近，便于综合运用。

学校规定各教室及工坊，要重视让学生能获得学习材料，环境布置要呈现学生课程学习发展的成果，成为学生作品展示空间，要配置适量科学、技术、创意想象及人文类书籍，推动可持续性学习。室室配备电脑，连接互联网。学校购置图书智能漂流柜，支持无人值守24小时借阅，运用分布式图书管理系统终端，对学生借阅数据进行分析。

学校建成"亲竹"文化馆，按"世界竹资源分布与发展""竹的生长形态""竹与建筑、武器、交通""竹与乐器、药食""竹与农业、手工业""竹与精神文明"等分布展区，以实物、文字、情境画面等形式呈现，集竹知识教育、竹文化传承、陶冶性情、展示文化实践成果等功能于一体。中国是"竹子的王国"，竹席、鱼篓、竿、弓弩等一件件展品展示了中国古人的智慧。此外，学校还聘请当地两位民间编织艺人担任竹编坊的顾问，并从事教学工作。

2. 校外空间

本地域为农村，竹林随处可见，竹材时时可取；学校2017年与附近的盘山林场建立联系，将林场四百多亩的毛竹林作为学生实践活动、课程学习的基地。此外，竹深刻融入当地农业生产和百姓生活中，竹篮、竹筐等用具都可接触。学校积极促进竹文化教育与当地资源的深度结合，鼓励学生走出校园，亲自体验竹文化的魅力，探索竹材的多样化应用和传统工艺的传承。

学校组织学生开展野外实地考察活动，深入竹林，亲手采集竹材，亲身体验竹材的加工和制作过程。同时，学校鼓励学生结合当地农业生产和百姓生活，开展社区服务与竹文化传承项目，例如教授当地居民竹编、竹雕等技艺，制作传统竹制品，并将其推广应用于生活中。

3. 网络空间

指导学生利用网络空间资源进行课程学习，如对竹资源分布的介绍、竹制小工艺品图片与制作方法等，都可上网自主检索。学校利用"空中课堂"直播，进行课程学习的指导。学校还制作了有关课程教学微视频，如录制竹编底基本技法教学视频，对重、难点进行示范讲解，并上传供学生随时学习。未来，学校将进一步拓展网络空间，在"亲竹"文化馆建立移动学习终端，让学生更快捷地学习了解竹资源、展品制作过程、竹文化价值等。

（二）教学"8+4"个工坊实践基本技法

1. 八种基本制作方法：折、粘、编、刻、削、磨、锯、钻

学生在平常创意实践中，需要进行编织、粘贴、雕刻、打磨、钻孔等基本操作，因此结合学生年段身心特点，需要进行相关基本操作技法的教学，以推动学生创意实践活动的开展。

折：通过科学方法对制作材料适当弯折，形成预设形状，较多应用于竹编织等活动。

粘：在实践操作过程中，粘是必不可少的物件组合方法，在编织、制作中都有较多的应用。

编：重视竹编技法学习，聘请民间艺人教学，让学生掌握平编底、四角孔编底、斜纹编底、米字形编底等九种编底基本技法（见**图3-3**），进而实现创意编织。

图 3-3 编底基本技法

刻：在实践制作过程中，刻既是一种辅助手段，也是一种主要制作方

法，较多应用于竹器面的雕刻和作品表面的最后美化处理。

削：目的是更好地利用材料，让材料尺寸、形态更切合使用要求，多应用于编织、手工制作等。

磨：制作的一种辅助手段，用于达到精确尺寸，也用于制作成品的美化等。

锯：在备材选材时的一种基本手段，也是最初的一个准备步骤。

钻：用在制作部件需要穿连，及乐器制作需要打孔等情况下，使操作更便利，作品更具科学性和完整性。

2. 四个基本防护技能

学生在工坊实践操作中，必然运用到各种材料及工具。为了让学生更安全地学习，要加强学生防护教育，指导学生掌握基本的防护技能。

首先，当学生使用粘贴材料如 502 胶水、木工乳胶等时，他们必须意识到不能让这些材料溅入眼睛，需要特别注意避免这种情况的发生。其次，使用锋利的刀具时，例如美工刀、剪刀、刻刀、刨刀等，学生要格外注意安全，必须佩戴好防护手套，以避免因操作不慎而导致意外伤害。高年级学生使用带电工具及高速运转的钻具时，必须在教师的指导下按要求规范操作，既要有胆量去面对挑战，同时也要保持细心谨慎的态度。此外，当学生使用学校的激光雕刻机时，戴好护目镜也是至关重要的防护措施之一，以保护他们的视力安全。

（三）实施 60 个工坊创意制作项目

"竹小"从学生身心特点及学科知识能力水平出发，紧扣核心素养培养目标，按五个主题、领域选择与学生生活体验相关的 60 个创意制作项目，分年级实施。

60 个项目（见表 3-1）按"生活中的物品""创意设计构想""实践完成作品""回归生活使用"等学习过程完成。"创意设计构想"时，学生综合运用所学到的科学、数学、美术等多学科知识点，自由想象设计，培养创新能力;"实践完成作品"过程中,高年级学生需要运用简单的木工、电工等工程技术去完成操作,并让成品更实用、更美观。项目可自主进行,也可组成攻关小组合作完成;成品完成后,学生回到自己的生活、学习中展示使用。

表 3-1 "亲竹"工研坊 60 个创意制作项目

年级	饰物	游戏	学具	乐器	烹饪
一年级	竹贴字画 单竹筒花瓶 花盆挂件 半竹筒花盆	滚竹圈 竹板操	笔筒 短铅笔竹套	快板	竹筒蒸蛋
二年级	组合竹筒花瓶 拉杆拼编花篮 直立支架摆台 多几何形相框	竹推车 竹水枪	竹直尺	竹筒哨子	竹筒饭
三年级	相框挂饰 框边拼贴 竹搭小鹿 竹搭小狗	竹管小炮 竹筒运水	毛笔 毛笔竹架	双响板	素炒笋片
四年级	创意花瓶 拼编花篮 车位上的汽车 行驶中的火车	竹蜻蜓 竹高跷	旋转直尺 竹书架	竹风铃	竹茹陈皮粥
五年级	竹编简易果篮 吊环装饰 长椅摆件 篱笆屏风	单腿跳竹圈 竹片弹球	竹板文具盒 竹制调色盘	竹笛	鱼香肉丝
六年级	创意灯笼 竹制收纳盒 竹串花环 水循环创意	不倒竹林 竹签搭高楼	书桌收纳盒 活动日历表	组合敲打 乐器	竹叶茶

如在四年级"竹蜻蜓"创意制作中，让学生由空中飞行的飞机聚焦到螺旋桨的外形，这些生活中的经历会激起学生课程学习兴趣。"创意设计构想"阶段，学生分组讨论，巩固认识倾角斜面转动会起到让物体随空气漩涡上升的作用。学生画出竹蜻蜓设计简图。小组合作完成作品，做蜻蜓翅膀的学生，用一根长 20 厘米、宽 2 厘米、厚 0.3 厘米的竹片，在中间打孔，在小孔两边对称各削一个斜面，角度可在后面试飞中不断验证；做蜻蜓身体的学生，用美工刀将方形竹条削成圆形竹柄，初步考虑长度以平衡；将竹柄插入小孔中，双手对搓并松开，观察飞行时的平衡和高度，不断验证调整翅膀的斜角及柄的长度。这是基本的制作，学生在此基础上，可以创意设计出更多样的竹蜻蜓：在翅膀上画上各种色彩图案，加上细竹筒并装上拉线后提高转速以使蜻蜓飞得更高，设计螺旋式抽拉杆，设计制作平衡不倒竹蜻蜓，等。制作完成后，学生可在课间游戏中使用，开展比赛活动。

在课程项目实施中，教师需要发挥指导作用：适时化解难点，让实践更顺畅；提供丰富资源，开拓更多的学习渠道；多搭些"梯子"，让思维走向宽广、深入；欣赏每件作品，点燃"这一个"学生的自信与创造热情。

（四）开展 12 个小小竹课题研究

学校依托南京林业大学竹类研究所的学术支持，充分利用学校竹资源，从各年段孩子不同认知、能力水平出发，设计 12 个小小竹课题，进行研究学习活动，如登山"野道"对紫金山毛竹林土壤性质的影响、认识植物的蒸腾作用、竹节长度测量与比较、校园四种散生竹种胸径大小比较、竹叶中色素的提取与分离、校园竹笋退笋率的调查等。通过这些小小竹课题的研究学习活动，学生们能够亲自参与竹文化的研究和实践，培养科学探究和实验技能，提高科学思维和创新能力。同时，通过实际观察和实验，他们能够深入了解竹子的生态、结构、功能等方面的知识，培养对竹文化的兴趣和理解。这样的学习活动不仅丰富了学生们的学习体验，还促进了他们跨学科的学习和思维发展，培养出具有综合能力的学生。

教学案例3-2："雨后春笋"究竟能长多快?

一、研究目的

1. 通过观察竹子由笋长成竹竿的过程,了解竹子独特的生长模式;测量竹笋每天的高度,计算竹子生长速度。

2. 激发浓厚的探究兴趣,培养观察、动手测量操作的能力并进行分析思考。

二、研究年级

三年级 (以小组为单位)

四、研究工具

皮尺、记录本

五、研究步骤

1. 在校园中选择3种正在发笋的竹子(建议选择的竹子不要太高,以免在后续测量中发生意外)。

2. 将学生分为3组,每组负责观察和测量一种竹子。

3. 在竹丛中找到5至10棵露出土面的健康竹笋,为它们做好编号标记,用尺子分别测量出每一棵竹笋的初始高度,做好记录。

4. 之后每隔一天或者两天,要去观察竹笋的状态和测量竹笋高度,做好记录(主要记录测量日期和笋高)。一直测量到竹竿的高度不再发生变化。

5. 分析数据:分别计算每种竹子的平均日生长速度(总高度/生长天数),找出3种竹子中哪种"春笋"长得最快;找出日生长量中的最大值,看看竹笋一天最多能长多高。

6. 分组讨论:竹子的生长模式是什么?是所有的节一起伸长,还是一节一节地依次伸长?竹节的生长是从竹竿的下部开始,还是中部或者顶部?

教学思考

　　这个课题鲜活地体现了将抽象的科学知识与学生日常生活直观经验相结合的教学理念。这样的研究学习方式不仅加深了学生对植物成长周期的认识,同时也锻炼了他们实地观察、数据收集和分析的实践能力。对于三年级的学生来说,这是一种激发好奇心、培养科学探究精神和基本操作技能的有效途径。

通过小组合作学习，学生们能够培养团队协作精神，学会分享观点和数据，相互促进，这对他们未来的学习和生活都是宝贵的财富。分组讨论环节使学生们学会互动交流，养成了积极思辨的习惯，从而提高了他们的逻辑思维能力和解决问题的能力。

在此次活动中，学生们亲身经历了科学探究的全过程，从提出问题，到设计实验方案，再到收集数据和分析结果，每一个环节都需要学生深入思考和动手操作，这种教学模式有效地调动了学生的积极性，增加了他们对学习的兴趣。

第三节
"亲竹"工研坊创意课程的实施与评价

"亲竹"工研坊创意课程代表了一次对亲近自然、创意发展和实践能力强化的全新尝试。本课程旨在通过让学生们亲身与竹子接触，激发学生们的创新思维，同时加深他们对竹文化和生态知识的理解。课程的实施涵盖了从观察、操作、制作到展示等一系列环节，教师鼓励学生在每一步中主动思考、积极参与，并将个人创意融入实践中。而在课程评价方面，我们不仅重视学生们成果的呈现，更加注重课程中学生潜力的激发及技能的提升。

一、"亲竹"工研坊创意课程的实施

"亲竹"工研坊创意课程的实施强调学生的实践体验和创作过程，倡导学生的主动学习和参与。通过与竹文化的结合，学生将培养创造力、动手能力和综合运用能力，同时体验和理解竹文化的智慧和美好。

（一）建构"四大领域"，内容聚焦核心素养的培育

创意实践分为"饰物""游戏""学具""乐器""烹饪"五类，分别指向"让生活更美好""让课余更有趣""让学习更快乐""让世界更动听""让舌尖更美味"等，具体内容包括"竹贴字画""组合竹筒花瓶""竹管小炮""竹蜻蜓""竹片书签""活动日历表""竹风铃""竹筒饭"等。

在课程推进实施过程中，我们不断创新，对课程原有60个项目内容进行整体优化，删重加新，再拓展深化，进而构建"工创""研创""美

创""E 创"四大领域（见表 3-2）。

"工创"：这一领域着重培养学生的工程设计制作能力和创意实践能力。学生将学习使用竹材进行创意设计和制作，比如设计和制作竹子工具、家居用品、乐器等。通过实际动手制作的过程，学生可以锻炼解决问题的能力和创造性思维。

"研创"：这一领域注重培养学生的创造性科学探究能力。学生将通过科学实验、观察和数据分析等方法，深入探索竹子的性质、特点以及竹子在不同领域的应用。他们将尝试提出创新性的科学问题并进行独立研究，最终形成小研究报告等学术成果。

"美创"：这一领域侧重于培养学生在竹材工艺美术方面的创意实践能力。学生将学习不同的竹材工艺技法，如编织、雕刻、染色等，并结合自己的创意进行美术作品的设计与制作。他们可以尝试创作独特的艺术品、装饰品等，发挥自己的艺术潜力。

"E 创"：这一领域侧重于基于新技术的创意实践。学生将学习如何使用现代科技工具和编程语言，将竹子与新技术相结合，创造出科技小发明或利用电子设备进行交互设计。他们可以尝试制作竹子智能家居用品、竹子机器人等创新作品，提升自己在科技创新方面的能力。

通过明确每个领域学习的总体目标，我们能够更好地引导学生在不同领域中进行学习和实践，培养全面发展的创新能力和综合素质。这样的课程设置将为学生提供更丰富的学习经验和成果展示机会。

表 3-2 "亲竹"工研坊课程内容"四大领域"及总体目标

	创新内容			
	工创	研创	美创	E创
总体目标	从生活出发，选择喜欢的小项目，在具体的创新实践中学习技术，支持未来的创新实践；特别加强工程思维训练，学习将创意和方案转化为有形物品或对已有物品进行改进与优化；培养劳动意识。	从身边的竹子与生活中发现问题，选择主题进行探究性学习，完成小论文、小报告或提出小建议，培养解决问题的能力；了解竹子特性，学习测量记录物体特征，调查统计了解植物生长的多样性；不断改善生活环境，积淀综合素养。	以学生生活中喜欢的饰物为对象，基于竹子等材料的材质特性，合理地使用竹子，进行创意制作，完成作品；初步掌握工艺制作基本技能，提高创新能力；培养艺术审美情趣、劳动意识；体会创意让生活更美好。	以竹子为基础材料，综合运用各门学科知识与能力，学习从简单的电路设计与连接技术走向智能制造技术，进行创意实践，对传统赋予现代本领；培养兴趣，认识到科技服务生活，感受科技的魅力，从而爱上创意。

（二）探索"四步流程"，主张"连接生活、用手思考"

"亲竹"工研坊创意课堂如何上，环节有哪些？从当下学生的课程学习现状来看，过程单调乏味，知识抽象，学习内容过于符号化，学习思维不够深入，能力难以综合运用，课程离生活有些远。"竹小"经过实践，努力探索并形成了"亲竹"工研坊课堂的"四步流程"（见图 3-4），以实现"连接生活、用手思考"的课堂主张，旨在让学习更加贴近实际生活，同时鼓励学生通过动手实践来深化思考和理解。

"亲竹"工研坊课堂的"四步流程"是一种系统性的教学方法，具体包括以下四个环节：

图 3-4 "亲竹"工研坊课堂流程图

引入生活原型。在这个阶段,教师会引导学生观察生活中的竹子应用实例,如竹筷、竹篮等日常用品。通过这些生活原型的引入,学生们开始认识到竹子在生活中的广泛应用,并对竹子的自然特性有了一个直观的了解。这种将学习内容与日常生活联系起来的方法,不仅增加了学习的趣味性,也帮助学生理解学习材料的实用价值。

创意设计构想。学生们基于对竹子特性的认识和自己的兴趣,开始进行创意设计的构想。在这一阶段,学生被鼓励发挥想象力,设计出具有创新性的竹制作品。他们可以独立或小组合作,讨论各种可能性,并最终确定一个设计方案。这个过程不仅锻炼了学生的创造力,也培养了他们的团队合作能力和沟通技巧。

实践完成作品。确定了设计方案后,学生们进入实践阶段,他们将设计变为现实,亲手制作竹制品。在这个过程中,学生们需要选择合适的材料、工具,并运用技术和工艺来完成作品。这个环节不仅考验学生的动手能力,也是对他们解决问题能力的一次挑战。通过实践,学生们更深刻地理解了理论知识,并体验到了从无到有的创造过程。

回归生活服务。最终,学生们将完成的作品用于解决生活中的实际问题,或者在实际生活中进行展示和使用。这样,他们不仅学会了如何创造,还学会了如何将创造成果应用于生活,提高了学习的实际意义。通过将自己的作品展示给他人,学生们也能收获成就感和自信心,同时得到反馈和建议,为未来的学习和创造获取动力。

这样的"四步流程"将帮助"亲竹"工研坊创意课堂实现与生活的连

接和用手思考的课堂主张，提供丰富、有趣且实践性的学习体验，培养学生的综合能力和创新思维。通过学习与生活的紧密结合，学生能够更好地理解、运用和欣赏所学的知识和技能。

（三）PBL 项目化学习，积极推进学习方式的变革

"亲竹"工研坊创意课堂通过实施 PBL 教学法，深化了教育改革的核心理念，致力于推动学习方式的根本变革。课程不仅注重知识的传授，更加重视学生主动探究与实践能力的培养。在 PBL 的框架下，学生被引导去发现和解决与竹子相关的实际问题，这样的过程激发了他们的创造力、批判性思维及团队合作精神。教师的角色从知识传递者转变为引导者和协助者，为学生提供了一个充满探索、尝试和反思的学习环境。

1. 基于"T"的项目化学习：三大基础技术

T 是"技术"英文单词 technique 的首字母。创新实践需要技术支撑，技术使创意的火花落地，实现为生活服务。"亲竹"工研坊致力于指导学生获得能创、能研的三大基础技术，即手工技术、信息技术及思维方法。

手工技术：学生在实践中经常运用到的劳动技术，主要包括剪、粘、编、削、折、磨、锯、钻等（见表 3-3）。这些技术的掌握是在多个项目实践中不断巩固、螺旋式上升而实现的。手工实践中，还必须做好个人防护。

表 3-3 手工技术及硬件设备使用

年段	手工技术	硬件设备使用	个人防护
低中年级	剪、粘、编、削、磨等	小剪刀、美工刀、锉刀、钳、充电热熔胶枪等	防割手套、护目镜、工作服等
高年级	剪、粘、编、削、磨、锯、钻等	学习使用手持锂电钻、曲线锯、砂磨机、雕刻机等电动工具及设备	电动工具按危险等级管理，其中部分在教师指导下按操作规范使用，部分由教师操作

信息技术：让学生认识常用的电子元器件，运用简单的电路设计与连接技术，学习运用现代信息技术，包括对声音、图像、温度等各种传感信

号的信息进行获取、加工、处理、储存、传播和使用的技术以及物联网技术等（见表 3-4）。

表 3-4 信息技术及硬件设备使用

年段	信息技术运用	硬件设备使用
低年级	边缘性参与：空间参观	空间支持：学校"亲竹"文化馆、"亲竹"工研坊、STEM 教室
中年级	认识常用的电子元器件 简单的电路设计与连接技术	纸电路（导电墨水笔）、开关、发光二极管、蜂鸣器 / 电机、控制板、简单的机械结构等
高年级	现代信息技术	太阳能电池板、控制板、Scratch 编程、超声波传感器、红外感应器、语音模块、电机、Arduino 控制板等

思维方法：以小组为单位，共同从身边的竹子与生活中发现问题，为寻求问题解决提出富有创造性的解决方案。在这个过程中，学生学会将问题清晰化与聚焦化，共同亲历选择主题、调查统计、设计图纸、分析研究等过程，在创新实践中不断地对作品进行优化迭代，从而优质高效地解决生活中的真实问题。

2. 各年级项目化学习内容

在"亲竹"工研坊创意课程中，学生将通过各年级特定的项目，深入了解竹子的奇妙世界和竹文化的传承与创新。从小学一年级开始，学生将学习竹子的生态环境和种类，并尝试进行简单的竹编和竹艺制作。随着年级的增加，他们将深入研究竹文化的历史和技艺，通过参观展览和实践活动，感受竹文化的魅力，并且尝试将竹文化与现代设计相结合。最后，学生将在高年级阶段研究竹与可持续发展的关系，并进行实践项目，设计制作环保的竹制品（见表 3-5）。

表3-5　各年级项目化学习内容

年级	工创	研创	美创	E创
一	中国的竹筷子	你认识校园里的几种竹子？	竹枝叶贴画	边缘性参与学习：参观"亲竹"文化馆
二	竹搭小动物	竹叶贴纸后会有什么变化？	竹节花瓶	边缘性参与学习：参观"亲竹"工研坊
三	竹管小炮	"雨后春笋"究竟能长多快？	竹锋花	会亮的竹宫灯
四	会发声的竹蝉	我们的竹制品容易发霉怎么办？	竹编果篮	会爬的"毛毛虫"
五	不倒的竹蜻蜓	为什么购买竹炭的人越来越多？	竹风铃	太阳能竹车
六	"亲竹"雨水收集灌溉工程	你能从校园竹子中自主选题，完成一项小研究吗？	Zhú梦网	垃圾分类投放箱（感应及语音提示功能）

"亲竹"工研坊课程项目学习中，通常采取三种情形：

（1）老师带着学生学习：在这种情况下，老师担任指导者的角色，引导学生进行竹子相关知识的学习和技能的培养。老师会给出一些学习任务和指导，学生跟随老师的步骤进行学习。学生的参与可能要经过从边缘性到中心实质性的过程，随着学习的进行，学生逐渐深入参与并展示出实质性的学习成果。

（2）师生互动、合作讨论共创：在这种情况下，老师和学生共同参与到项目学习中，进行互动和合作讨论。老师充当引导者和促进者的角色，鼓励学生发表意见和想法，提供专业指导和支持。学生在交流和合作中，相互启发、互相学习，共同创造出学习成果。

（3）学生自由创意：在这种情况下，学生被鼓励发挥自己的创意和想象力。他们可以自由选择项目的主题和形式，并进行独立或团队的创作。学生有更大的自主权，可以展示出独特的创造力和才华。在这个过程中，学生将提出各种意见和想法，并将其付诸实践，最终创造出具有个人特色的学习成果。

根据不同的情形和学习目标，"亲竹"工研坊课程的预期成果主要有以下几种形式：手工作品，例如竹子手工艺品；小论文、小研究报告、小建议，通过书面形式表达学生对竹子相关问题的深入思考和研究；科技小发明、小创造，学生能够利用所学的知识和技能，运用科技手段进行创新和发明，展示出自己的科技创造能力。这些预期成果能够全面展示学生在"亲竹"工研坊课程中的学习成果和创新能力。

3.PBL 课程评价：主张四个价值导向

（1）思维挑战：PBL 课程要求学生在学习过程中面对思维上的挑战，追求比现有水平更高的学习成果。它要求学生运用创造性思维和解决问题的能力，避免仅仅得到已有答案，从而激发学生的学习动力和进取心。

（2）科学探究：PBL 课程强调学生通过亲身参与过程来培养科学探索能力。学生将自己置于实践中，通过实地调研、实验观察等方式，积极主动地探索和发现科学问题，培养自主学习和科学研究的能力。同时，PBL 还关注对学生科学兴趣的引导和培养，让学生在学习过程中体会科学的魅力和应用的意义。

（3）作品设计：PBL 课程以作品为导向，注重培养学生的创意和设计能力。学生通过独立或团队合作的方式，根据课程要求和学习目标创作作品，可以是小论文、小报告，也可以是创意制品、解决方案等。这样的学习方式更加注重学生的主动参与和实践能力的培养，避免仅仅追求一个正确答案的教学方式。

（4）服务生活：PBL 课程倡导学生将所学应用于实际生活，并服务于学生家庭、学校、社区生活，甚至服务于他人。通过将科技创新与实际问题结合，发挥社会服务的作用，让学生将科学知识和技能应用于实践中，体现科技创新的价值，并在服务他人的过程中体现立德树人的价值观。这样的课程设计有助于实现综合育人、实践育人和活动育人的目标，培养学生的社会责任感和实践能力。

二、"亲竹"工研坊创意课程的评价

课程评价是对学生学习成果和课程效果的评估。在"亲竹"工研坊创意课程中，评价是多样化的，涉及学生在实践活动中制作的作品、学术报告以及科技创新成果等。评价的依据是学生的实践能力、创意思维、团队合作、反思和表达能力等方面的表现。通过评价，可以了解学生的实际水平，发现他们的优点和不足，并为进一步提升课程设计和教学质量获取有价值的反馈。

（一）个性化评价，激发学生的学习兴趣

在"亲竹"特色课程体系中，每门课程都制定了独立的评价标准，并采用丰富多样的评价形式，突出激励原则，关注学习兴趣，旨在促进孩子们在课程学习中的全面发展。

对于活动类课程，如抖空竹、吹竹笛等，评价主要侧重于考核学生掌握动作和技能的程度。通过精确的评价指标和标准，学校能够准确评估学生在活动中的表现，激励他们追求技能的进步和精益求精。探究类课程，例如"做些竹研究"，评价重点在于考核学生动手实践能力、设计验证猜想的能力以及创新素养。此外，学校还注重培养学生与同伴合作学习解决问题的能力，因此对团队合作的评价也具有一定的重要性。

通过这个个性化的评价体系，学校能够充分激发孩子们的兴趣和潜能，鼓励他们在不同课程中全面发展。每位学生都能够凭借自己的特长和努力，在"亲竹"特色课程中获得积极的评价和成就感，实现个人学习与发展的目标。

（二）创生"竹娃"评价体系，培养多维成长的笋竹娃

"亲竹"工研坊课程评价贯穿学生小学六年的学习生涯。根据学生全面发展的要求，确立"智慧竹娃、礼仪竹娃、责任竹娃、悦读竹娃、健美

竹娃、创新竹娃"六种"笋竹娃",设计制作竹娃卡（见图3-5）。在平时课程学习中，由各科教师及相关部门通过发卡的形式进行评价。

图 3-5 "笋竹娃"卡

2016 年下半年，依据学生核心素养结构，"竹小"对六类"笋竹娃"评价实施细则进行再次修订。价值目标指向全面对接学生核心素养 18 个基本点：人文情怀、审美情趣、理性思维、勇于探究、国家认同、问题解决等。递升设定"笋竹娃""青竹娃""翠竹娃""秀竹娃"四个层级，按一定数量换取上一层级卡片（见图3-6），以提升学生综合发展的积极性，并最终达成课程学习目标。评价过程中，学校将教师评价、家长评价、学生自主评价及小组同学评价等结合起来，多元化主体评价使课程评价更全面更真实。

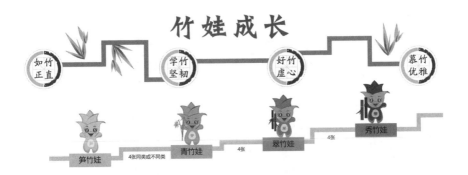

图 3-6 竹娃成长过程

获得4张同类型或不同类型"笋竹娃"卡可换得1张"青竹娃"卡。获得4张"青竹娃"卡可换得1张"翠竹娃"卡。获得4张"翠竹娃"卡可换得1张"秀竹娃"证书。

（三）编制《竹娃成长手册》，展示成长的力量

《竹娃成长手册》是为学生准备的个人手册，旨在记录他们在多样课程学习中的成长足迹（见图3-7）。每位学生都会有一本手册，让他们可以将学习的收获和成果记录下来。这本手册不仅是学生积累成果进行比赛的平台，还是孩子们在成长过程中的重要见证。

图3-7 《竹娃成长手册》

为了促进学生对手册的重视，学校要求低年级学生的家长积极参与竹娃成长手册的填写工作。家长通过与孩子一起探讨、记录和分享，能更好地了解孩子的学习成长，同时也能在共同参与中增进亲子关系。

学校会利用各种途径来展示和表扬学生的成长成就。例如，在周一升旗仪式上，可以特别提及《竹娃成长手册》中学生的突出表现；在学校的楼柱面上展示孩子们的《竹娃成长手册》插盒，让更多人了解他们的努力和进展；校长也可以定期颁发奖项，激励和表彰那些在课程学习中成长为"翠竹娃""秀竹娃"的学生。

竹娃的"成竹"特色课程学习历程就如同一次精彩的"成竹之旅"。通过记录和分享每个孩子的学习成果和成长过程，学校为学生提供了一个展示自己、展现才华的平台。这不仅能够激励孩子们更加积极地参与各项学习活动，还能够激发他们对于学习的热情和自信，让每位孩子都能在竹娃特色课程学习中实现自我突破和全面发展。

在评价方法上，"亲竹"工研坊创意课程实施了多样化的评价方法，以确保对学生的学习成果和课程效果进行全面评估。

一是作品展示评价：展示学生通过实践活动制作的作品是评价的重要环节。学生将他们的创意和实践成果呈现出来，例如展览、竞赛、艺术展示等。评价者会对作品的创意度、质量、技术实施等方面进行评估，以衡量学生在具体主题或制作过程中的实践能力和成果水平。

二是学术报告评价：学生在课程中可能需要进行学术报告，分享他们的研究成果或创新思考。评价者会针对报告的内容、逻辑性、表达能力等方面进行评估，了解学生在学术领域的思考深度和表达能力。

三是科技创新成果评价：鼓励学生在课程中进行科技创新，并根据创新成果进行评价。评价者会考查学生的创新思维、科学方法的应用、解决问题的能力等方面，并评估其创新成果的质量和实际应用价值。

四是反思和表达能力评价：鼓励学生对自己的学习和实践进行反思，

并运用适当的方式表达出来，如写作、演讲、展示等。评价者会关注学生对学习过程的理解和思考，以及他们的表达能力和批判性思维的发展程度。

通过这样多样化的评价方法，评价者能够全面了解学生在创意课程中的表现和成长，并提供有针对性的反馈和指导。评价结果可以为进一步完善课程设计、教学策略和学生个体化发展提供重要的参考依据。

第四章

"亲竹"工研坊实践育人模型

　　"竹"文化是"亲竹"工研坊实践育人模型中的灵感源泉，以其独特的艺术美和哲学思想，为学生的成长提供了一片翠绿的庇护。"亲竹"工研坊创意课程催生出学生们无尽的创造力和想象力。通过这些课程，学生们似乎化身为艺术家，细心触摸每一根"竹"，在其中感悟生命的奥秘。他们用自己的力量和智慧，打造出独一无二的作品，展现出"竹"文化的典雅和纯粹。

　　创意实践是这个育人模型的灵魂所在。它为学生提供了实践的平台，激发了他们的创造潜能。在这个实践的过程中，学生们像竹一样顽强而富有生命力，在思考和探索中不断成长。他们用自己的双手触摸着艺术与创新的痕迹，以独特的方式表达自我，向世界展示自己的独特之处。

　　社团活动则为学生们提供了一个合作与分享的平台。在丰富多彩的社团活动中，学生们相互交流、协作，追求着共同的目标。正如竹林中的竹笋一样，他们迎着朝阳，不断向上生长，创造出一个个令人叹为观止的作品。

　　在小小竹课题的研究中，"竹"这一主题的研究不仅仅是对它的形态和用途进行探索，而且与学生的日常生活联结。学生们在自然探究的驱动下，带着对生态和艺术的敏感性，仔细观察了竹子从幼苗到成竿的转变。他们用笔记录下竹的生长故事，用画笔捕捉其动态之美，从而创造出关于竹的诸多艺术表达。在这一过程中，学生们逐渐体会到林中竹子所展现的纯洁、坚强与适应性，学会了欣赏并理解与自然和谐共处的深刻内涵。

　　在这育人模型的培养下，学生们在"竹"的意境中扎根，用创造力和合作精神为自己的未来绘制着美丽的图景。他们将以"竹"的韧性和生命力，顽强地前行，探索出属于自己独一无二的道路。

第一节　竹园乐创，聚焦核心素养

"亲竹"工研坊创意课程专注于将竹子的特性和魅力融入教学实践，以培养学生的核心素养为目标。该课程通过一系列丰富多样的实践活动，如竹子雕刻、竹器制作、竹子结构设计等，激发学生的创造力、创新思维和实践能力。同时，课程还包括团队竞赛、乐器表演、环保意识培养等内容，有助于提高学生的团队协作、社交沟通能力和环境保护意识。历经这一系列活动，学生们将在学术、艺术、社交、环保等多方面发展，全面提升核心素养，并形成具有综合素质和创新精神的完整人格。根据学生身心特点及学科知识能力水平，"竹小"选择与学生生活体验相关的五个主题和领域，共计划实施60个创意制作项目。

这60个创意制作项目涵盖了多个学科领域，包括科学、艺术、数学、技术等，旨在帮助学生综合运用所学的学科知识，实现跨学科学习，并培养他们的学科整合能力和综合应用能力。

这些创意项目以竹制品的设计和制作为主题，学生直接参与其中。通过亲手制作竹制品，学生将能够深入了解竹子的特性和加工技巧，并在实践中培养观察力、创造力和合作能力。同时，通过与传统文化的结合，学生们将进一步加深对传统文化的认同和理解，丰富自己的文化体验，以及培养对传统文化的自豪感和热爱之情。

这60个竹主题创意实践活动具有丰富的育人价值，这些价值在于它链接了学生的多项核心素养。

一、培养创造力和创新思维

培养创造力和创新思维是"亲竹"工研坊创意制作项目的重要目标。这门课程提供了丰富多样的创意活动，例如竹子雕塑、竹子设计比赛等，让学生有机会亲身参与实际操作，锻炼思维和动手能力。在竹子雕塑活动中，学生们需要利用竹子的形态特点和潜在艺术美感，通过创新的设计和雕刻技巧，创造出独特的艺术作品。而在竹子设计比赛中，学生们需要结合竹子的材料特性和功能需求，提出创新的设计理念和解决方案。通过这些创意活动，学生们不仅能够培养出色的创造力，而且能够发展出独立思考、灵活应用知识和问题解决的能力。他们学会从不同的角度思考和看待事物，努力寻求新颖的解决方案，从而培养出创新思维。这些创意活动不仅提供了发展创造力和创新思维的平台，也激发了学生的想象力和创意潜能，为他们未来的学习和工作打下坚实的基础。

二、提高自主学习与解决问题能力

提高学生的自主学习与问题解决能力也是"亲竹"工研坊创意制作项目的重要目标之一。在竹子科技创作、竹乐器、竹烹饪等实践活动中，学生们需要主动学习新知识和技巧，掌握竹子的特性和相关领域的背景知识。他们会遇到各种挑战和问题，例如如何利用竹子制作具有科技感的作品、如何设计和制作出优质的竹乐器、如何运用竹子进行创新的烹饪等。面对这些挑战，学生们需要运用他们所学的知识和技能，通过观察、实验、思考和尝试，逐步解决问题。

在这个过程中，学生们将被鼓励自主学习并发展独立思考的能力。他们需要积极主动地寻找资源和信息，并将其应用到实践中。通过积极的探索和实践，学生们将不断调整和改进他们的方法，以解决面临的具体问题。这种自主学习的过程将培养学生的独立思考能力、批判性思维和创造性解决问题的能力。

三、发展多元智能和技能培养

"亲竹"工研坊课程通过竹主题的创意实践活动，涵盖了多个领域，包括艺术、运动、科技、音乐等，为学生们提供了丰富的学习和发展机会。这些实践活动不是单一领域的学习，而是通过跨学科的方式，促进学生们全面发展，培养学生多元智能和多种技能。

在竹主题的艺术活动中，学生们可以通过创造竹子雕塑、竹子绘画等方式，发展视觉艺术的智能。他们需要观察竹子的形态和纹理，理解艺术设计的原理，并运用创意来表现自己的想法和情感。这样的活动能够提高学生的艺术表达能力，培养学生的美学观念和创造力。

运动领域的活动，例如竹竿舞、竹子体操等，能够提供学生们锻炼身体的机会，培养学生协调性和灵活性，以及培养学生空间感和情感表达的能力。同时，这些活动还能够培养学生的团队合作精神和领导才能，让他们在团队中学会相互支持和协作。

科技领域的实践活动，如竹子科技创作、竹子结构设计等，将提升学生的创新思维和解决问题的能力，培养他们的科学素养和技术应用能力。在这些活动中，学生们需要运用科学原理和工程技术，创造出具有竹子特性的科技作品或解决方案。通过这些实践，他们将发展出创新思维、实验能力和解决复杂问题的能力。

音乐领域的活动，如竹乐器制作和演奏，将激发学生的音乐智能和创造力。学生们将学习制作竹乐器的技巧，并运用竹子的特性创作独特而美妙的音乐。在音乐表演中，他们还将锻炼音乐表达和表演能力，培养自信心和舞台魅力。

四、提高文化素养与文化自信

通过竹文化体验活动，学生们将有机会深入了解竹子在中华传统文化中的重要地位和意义。竹子在中国文化中有着悠久的历史，被视为高洁、玉立的象征，以及文人雅士的信物。参与竹文化体验活动，学生们将能够亲身感受到竹子在中国文化中的独特价值，并从中获得丰富的文化素养。

在创意活动中，学生们将深入了解竹子在中国文化中的用途，例如竹子用于造纸、建筑、制作乐器和工艺品等。他们将学习到竹子的可塑性和坚韧性，以及用竹子创造美好的艺术品和实用品的技艺。这将增强学生们对中国传统文化的认知，同时也提升他们对自身文化的自信心。

学生们还将接触到中华传统文化中与竹子相关的诗词、书画、音乐等。他们将欣赏和学习到许多经典作品，了解其中的文化内涵和精神追求。通过学习这些文化艺术作品，学生们将进一步培养审美品位和理解深层文化意义的能力，提高对中华传统文化的欣赏和理解能力。

五、培养审美能力与情感关怀

通过参与竹子雕塑、竹子设计比赛等艺术活动，学生们将有机会发现美、欣赏美和创造美，从而培养出审美能力。竹子作为材料具有独特的美感，其天然的纹理、优雅的形态和多样的色彩能够激发学生们的创造力和想象力。

学生将触摸、感受竹子的质感，敏锐地捕捉到其中的美丽之处，并通过艺术创作表达出来。通过这样的实践体验，学生们将逐渐培养出对美的敏感性和观察力，进而形成独特的审美品位。

同时，竹子主题学具设计、烹饪等活动也为学生们提供了创造美的机会。他们可以融合竹子的特点与其他元素进行创意设计，将竹子应用于文具、美食等领域。通过这样的设计过程，学生们将挑战传统观念，发现竹子在艺术创作中的无限可能，并展现出个人的审美见解和创新思维。

六、促进团队合作与社会交往

参与滚竹圈、竹板操、竹推车等竞技活动，学生们需要准确地掌握动作和节奏，与队友紧密配合、相互协调、保持统一。在比赛中，学生需要将团队的努力转化为协调的动作和高效的发挥，以取得最佳成绩。

通过这些团队合作活动，学生们将不仅培养出团队合作精神和社会交往技能，还能够认识到团队合作的重要性和优势。他们将学会尊重他人、珍惜合作机会，发现集体智慧和力量的价值。这样的团队合作经验将对学生们今后的学习和生活产生积极的影响，使他们更加愿意与他人合作，乐于参与到集体活动中去。同时，这样的团队合作也能够为学生们提供锻炼与他人相处的机会，提高他们的社会交往能力和人际关系的质量。

七、增强环境保护意识和可持续发展理念

竹子作为一种生长迅速、可再生的植物，具有很高的生态和经济价值。通过参与竹子实践活动，学生们将更深入地了解竹子的环保及可持续发展特性，从而增强环境保护意识。

在竹子实践活动中，学生们将亲身体验到竹子的生长速度之快和再生能力之强。他们将参与竹子种植、剪裁、加工等过程，目睹竹子在短时间内生长出繁茂的枝叶，并且反复利用竹子的材料。这种亲身体验将帮助学生们深刻认识到竹子是一种可持续发展的资源，鼓励他们积极参与环境保护工作。

此外，竹子实践活动也能够启发学生们思考可持续发展的理念。学生们将思考如何合理利用竹子资源，推动竹子产业的可持续发展。他们将学习如何进行科学种植和管理，以确保竹子持续健康生长。通过这样的学习和实践，学生们将培养出可持续发展思维和责任意识，成为环境保护和可持续发展的积极推动者。

教学案例4-1：小小竹编

一、活动目标

1. 通过小组合作共同探究学习挑一压一和六角孔编织方法。

2. 通过活动培养发现问题、分析问题的能力并尝试解决问题。

3. 学会利用身边的有利资源，开展小组合作探究和学习。

4. 体验竹编的乐趣，感受竹文化的魅力，养成认真细致的习惯。

二、活动重点

挑一压一的编织方法

三、活动难点

挑一压一、六角孔编织方法

四、活动准备

教学课件、竹篾、竹篮、活动讨论单、编法图例等等

五、活动过程

（一）激趣导入

播放快速编竹篮视频。

师：谁来简单说说看完视频最直接的感受？

生：……

师：嗯，这的确是一双巧手，其实我们身边也有很多小巧手，你看（ppt出示学校竹编社团照片），大家知道他们是什么社团吗？

生：竹器编织社团。

师：他们在做什么？

生：编篮子……

师：老师今天还把他们的作品带到现场了呢。（实物展示）这是什么？

（生回答。）

师：它是用什么编成的呢？

（生回答。）

师：（展示竹条）这就是竹条，我们也可以叫它竹篾（板书），就是这么简单的材料，加入人们的智慧和巧手，就能变成这么多琳琅满目的竹制品，真是让人羡慕，同学们想不想和老师一起，也来探究一下竹编艺术的乐趣？

生：想。

师：今天咱们就一起走进小小的竹编世界。（出示课题，板书：小小竹编）

（二）探究学习

师：首先请大家看这三件作品，你有何想法或启示？（启发学生发现并总结竹编一般有三道工序：起底、编织、收口）

师：咱们的竹篮编织一般都由起底、编织、收口三大步骤完成。（板书，"起

底"用不同颜色)

师：咱们今天首先来探究第一道工序——起底。

出示几个不同底的篮子。

师：说到篮底，大家先来看看这几个篮子的底，你有什么发现？

生：花纹不同。

师：为什么会不同呢？

生：编法不同。

师：一语道破，小小的篮底也有很多种编织方法（ppt 出示几种基本编法图例）。老师手里就有一种竹篮，请大家一起来观察。

在小组长的带领下，一个组员把它拆开，一个组员负责记录小组的发现或者疑问，其他组员认真观察和思考，同时 ppt 出示讨论单（见表 4-1）和讨论要求：

（1）慢慢拆开；

（2）仔细观察；

（3）认真思考；

（4）集体讨论；

（5）随时记录。

（说明要求后 ppt 展示讨论单。）

表 4-1 小小竹编活动问题讨论单

我们小组的发现（疑问）	打算这样解决

师参与讨论，适时点播他们从以下几个方面观察讨论：

（1）编织的方法和规律；

（2）竹条布局要均匀；

…………

请小组汇报本组的发现，总结出此编织方法——挑一压一法（板书）。

师：大家观察得真仔细，准确地找出了编织规律和方法，我们可以称这种编织方式为挑一压一法（板书）。

（三）探究体验，尝试编织

请大家在小组内合作，利用咱们找出的编织规律尝试恢复刚刚的篮底。

师：哪个小组来说说在刚刚的编织过程中，你们有没有遇到什么困难？

生：竹条会移位。

师：你们是怎么解决的？（有谁知道怎么解决？）

生：另外一个同学固定住，或用重物压住。

师：谢谢你的经验分享。通过大家共同探究、分享，你一定更有经验了，请大家把作品再做调整，并且继续加上六根竹条，每个组员加两根，完成的摆放到展示区。

咱们来看一看展示区的作品，你想给哪一组的作品点赞？为什么？

（生回答。）

师：你观察得真仔细。你能不能给哪一组作品提点建议呢？

（生回答。）

师：他说的有没有道理？嗯，指导得很到位。（板书学生的建议，作为评价标准）你能不能给他现场指导、调整下。（学生演示）

师：纹路是不是均匀了很多？

（四）大胆尝试、合作实践

师：刚才我们共同分享了编织技巧和经验，也共同制定了作品评价标准，这些对咱们后面的编织活动一定会有很大的帮助和指导，大家想不想加点难度挑战一下？

生：想。

师：好，大家请看（ppt呈现六角孔编法图例）。

（1）拿出打印好的图例，组内讨论、学习图例的意思。

师：请大家在组长带领下积极讨论，发挥集体智慧；尝试弄懂每幅图例的操作说明；遇到问题时可想办法寻求帮助。

（2）请一组讨论较好的组解说一遍图例。

师：你觉得他们组解说得怎么样？（步骤描述准不准确？语言表达够不够清

晰、明了?）弄懂了图例之后，咱们来实践操作下吧。

（3）小组内根据图例尝试编织（师巡视指导，记录孩子们的操作困难）。

（五）展示评价

1. 小组展示作品（见图4-1、图4-2）。

2. 小组互评。（请同学自己说说作品的优点和不足、编织过程中遇到的问题，再请其他组同学提提意见或者建议）

（六）课后延伸

师：这节课你有什么收获?

生：学会了两种竹编方法。

师：你是怎么学会的呢?

生：看视频，小组内学习图例，请教老师、同学，等。

师：真不错，大家很好地利用了身边的资源。老师这给大家准备了挑一压一法的升级版——斜纹编法，希望大家课后用自己的方式去探究、学习。下次课咱们再一起就这三种编法的篮底继续探究第二道工序，共同编织出漂亮的篮身!

板书设计：

小小竹编

起 底	竹	挑一压一法	我编我秀	你点我评
编 织	篾	六角孔编法	（作品展示）	选材适当 边缘整齐
收 口		斜纹编织法		竹篾紧凑 纹路均匀

图4-1 学生的竹编作品1　　　图4-2 学生的竹编作品2

（执教者：李汉锋）

 教 学 思 考

　　"亲竹"工研坊课程以竹子为载体，通过实践活动培养学生的核心素养，包括创造力、创新思维和实践能力。在教学案例"小小竹编"中，学生通过小组合作探究编织方法，发现问题并尝试解决。活动重点在于挑一压一的编织方法，难点在于挑一压一和六角孔编织方法。活动中，学生利用身边的资源，发挥集体智慧，共同完成作品。通过展示评价环节，学生学会欣赏他人作品并提出建议。这样的教学设计，不仅提升了学生的综合实践能力，也培养了他们对生活的热爱和对文化的认同感。

第二节　竹艺社团，促进个性发展

竹艺社团是一批以竹为主题的多元化社团组织，涵盖了艺术、体育、科学制作等各个领域，旨在激发学生们对竹艺的兴趣和创造力，开阔他们的视野并促进他们的个性发展。

通过参与不同类型的竹艺社团，学生们将体验到竹艺的无限魅力和创造力的广阔空间。他们将发展自己的兴趣爱好，结交志同道合的朋友，同时也为竹文化的传承和创新做出积极贡献。

一、竹竿舞社团

竹竿舞社团成立于 2015 年 3 月，目前社团分为初级班、中级班、高级班，共有 60 多名成员，队员们晋级形式采取积分制。在活动中，分组练习、团队展示、创编舞步、队形变化、竹游戏环节等都非常有特色，深受队员们喜爱（见图 4-3、图 4-4）。目前队员们已经会展示"等号"形、"井"字形、"米"字形等队形了！看，随着或快或慢的节奏，伴着七彩竹竿清脆的敲打声，在交叉的竹竿中，队员们灵巧、机智、自由地跳跃，单人跳、双人跳、三人跳或成队跳，展现出无限的快乐与活力。

竹竿舞社团为学生们提供了一个了解、传承和表达民族传统文化的平台。队员们通过学习和表演竹竿舞，不仅培养了舞蹈技巧和艺术表达能力，还增加了对民族文化的认识和理解。同时，竹竿舞社团的学生们团结友爱，通过团队合作和集体协作，培养了团队意识和合作精神。

图 4-3 学生竹竿舞练习课 1　　　　图 4-4 学生竹竿舞练习课 2

教学案例：4-2：竹竿舞步法

一、学习目标

1. 能根据歌曲《跳柴歌》节奏开合竹竿；在跳竹竿舞时，动作协调、合拍。

2. 发展身体的灵敏性、下肢力量、弹跳力、耐力等素质，提高动作的节奏感和协调性。

3. 在活动中增强合作意识、责任感以及在群体中的协调能力。

4. 通过学习跳竹竿舞，获得愉悦的感受与体验，感受音乐与舞蹈的完美结合；加深对我国民族文化、民族风情的了解。

二、教学重、难点

把握时机恰当地跳进跳出。

三、教学过程

（一）欣赏导入，激发兴趣

（课前播放歌曲《跳柴歌》。）

师：刚才大家听到的歌曲名叫《跳柴歌》，是生活在我国海南岛五指山下、万泉河边的一个古老的民族——黎族的一首民歌。"山欢水笑真热闹，男女老少喜洋洋"，知道为什么这么热闹吗？——原来在三月里，男女老少聚集在一起喜洋洋地跳竹竿舞。

（出示歌词，出示"五指山""万泉河"图片。）

师：现在竹竿舞跳遍大江南北，越来越引起国内外游客的兴趣，他们盛赞竹竿舞为"世界罕见的健美操"。想看看竹竿舞是什么样的舞蹈吗？

（媒体播放竹竿舞视频。）

师：这节课，我就和大家一起来学跳竹竿舞，好不好？

（二）竹竿舞教学

1. 熟悉音乐节奏，掌握进出时机。

师：黎族人民根据竹子相打发出的有节奏、有规律的碰击声，在竹竿开合的瞬间，不但要敏捷地进出跳跃，而且要潇洒自然地做各种优美的动作。

接下来，我来播放一段节奏音乐，你们能用各种动作来表现一下这种节奏吗？

（播放音乐。）

（学生用手或脚的各种活动表现音乐的节奏。）

师：首先告诉我这是几拍子的节奏？（四拍）

师：如果这两个手指代表两根竹竿，大家能跟着节奏用手指来模拟一下竹竿的开合吗？

师：那你们能用双脚的开合来模拟一下竹竿的开合吗？

师：大家思考一下，当你们准备在开开合合的竹竿间跳进跳出的时候，你们怎么做呢？

（学生两人一组，一个用手指模拟竹竿的开开合合，一个用双脚开合跳的方式跳进跳出。）

（为便于学生提高学习兴趣，活跃课堂氛围，可让学生边练习边喊节奏，如：跳的同学喊"进—出—进进出出"，打竿的同学喊"开—合—开开合合"。学生轮换练习。）

（教师巡视，及时进行指导。）

2. 练习打竹竿方法，结合竹竿进行跳进跳出练习。

师：接下来我们可以上竹竿进行练习了。

谁愿意来跟我配合打竹竿？

（请一位学生配合演示打竹竿，引导学生用竹竿打出有节奏的声音来。强调打竹竿时两人的动作一致，两根竹竿要有明显的开合，打竹竿时不宜把竹竿抬得过高。）

师：大家都去试试！

（分组：四人一组。两人先打，两人用手指的开合模拟竹竿的开合。轮换，对学生打竹竿的方法做出讲评。)

师:竹竿,大家都会打了,那能不能在开合的竹竿间跳进跳出呢?

(学生两人四组,两个打竹竿,一个或两个同时用双脚开合跳的方式进行跳进跳出,轮换练习。)

(跳的同学喊"进—出—进进出出",打竿的同学喊"开—合—开开合合"。)

(比一比,哪组喊的口令高、齐。)

3. 学习基本动作。

师:刚才我们掌握了打竹竿的方法以及进出竹竿的时机。接下来我们要学习竹竿舞的基本动作。大家过来看视频。他们是怎么跳的?

(播放竹竿舞视频。)

(教师讲解步伐要领,强调口令跟动作的配合。)

师:大家回去结合不动的竹竿练习过竿的方法。

(学生全体在不动竿上练习,熟练掌握。教师巡视指导。)

师:现在大家能在打动的竹竿中练习了吗?

(小组尝试。重点提示学生跳进果断,时机恰当。学生配合,四人一组,两个打竹竿,两个依次或一起跳过两根竹竿,轮换。整个跳的过程中循环播放音乐节奏,教师巡视指导。)

(分小组展示练习成果。)

4. 提高难度,创编动作。

师:既然我们现在能跳过两根竹竿了,那能不能两个小组靠在一起打竹竿,连续跳过四根竹竿?大家有信心吗?

最好能加上一些上肢和身体的动作,这样看上去更优美了。现在,就请同学们跟着音乐纵情地歌舞吧!

(学生跟着歌曲的节奏连续跳竹竿舞,教师参与。)

5. 展示学习成果。

(音乐停。师:真想马上带大家去海南岛,去跟黎族人民比一比,到底是谁更能歌善舞。)

以小组为单位,一组上来表演,其他小组为他们拍手打节拍。

(小组轮流协作表演。)

师：说说，你觉得哪个小组表演得最好？为什么？

（小组互相评价。）

（三）放松整理

师：好了，大家跳了这么长时间的竹竿舞，是不是很开心啊？接下来，让我们来听一首有关海南岛美丽的万泉河和雄壮的五指山的歌，然后跟我一起来做一下肢体的拉伸及放松。

（播放《我爱五指山，我爱万泉河》，跟音乐做身体的拉伸及放松。）

师：这节课学会了跳竹竿舞的基本舞步，下节课咱们继续进行竹竿舞的创编和练习。

（执教者：朱晓秀）

二、竹创意画社团

竹创意画社团是学校美术教研组在第二课堂、美术综合实践课的基础上发展而成的特色社团。小小竹娃们积极参与，通过收集农村周边的竹枝、竹叶、竹鞭以及其他大自然植物，展开自主构思，并充分利用植物的形态、颜色等特征，发挥自主创造性。

在竹创意画社团中，学生们得到老师精心指导，以竹子为主题进行艺术创作（见图4-5、图4-6）。他们通过观察植物的形态、纹理以及颜色变化，将这些元素融入自己的艺术作品中，创造出形式多样、富有个性的艺术作品。

图 4-5 学生进行竹创意画创作 1　　图 4-6 学生进行竹创意画创作 2

竹创意画社团的活动不仅仅培养了学生们对美的敏感度和创造力，还培养了他们观察生活、动手动脑的习惯。学生们通过自主构思和实践中的思考，提升了解决问题的能力和创意表达的能力。这种与大自然亲近并将自然元素融入艺术创作的方式，让学生们深刻感受到了大自然的美妙和生命的力量。

竹创意画社团不仅是学校美术课堂教学的补充和延伸，更为学校的艺术教育工作增添了亮丽的风景。通过参与社团活动，学生们得以在轻松愉快的氛围中培养审美能力、创造力和艺术表达能力。同时，社团活动也促进了学生们对竹文化的认知和理解，加深了他们对中国传统文化的热爱之情。

三、空竹社团

相传，三国时期的曹植就曾写过一首《空竹赋》：

嗡声脆响穿时空，千载不乏人传承。

单头含珠腰间细，两轮带哨腹中空。

轻抖双杆千变化，力悬一线万般功。

轻展腰身频出手，彩竹幻化绚人生。

抖空竹，这一中国传统民间游戏，以其独特的审美价值和游戏性，成为中国非物质文化遗产之一。

"竹小"开展抖空竹课程教学活动，外聘指导老师，学校安排老师边学边教，有时也向网络抖空竹高手学习，从而解决了课程师资问题。两年来的学习活动使得学生深深喜欢上了这项运动，课程学习让孩子们掌握了多个动作，如层层叠叠、金鸡上架、抬头望月、蝴蝶展翅等（见图4-7、图4-8），他们不仅锻炼了身体，还提高了灵活性和反应速度，学会了团队配合的重要性，身心两方面都得到了全面提升。参加抖空竹的竹娃也由最初的二十个人扩展到现今的一百多人，而且学校正在于大课间活动中推广此项运动，今后一定会有越来越多的竹娃一同"抖"起来！

图 4-7 空竹动作：蝴蝶展翅　　图 4-8 空竹动作：陀螺转圈

四、葫芦丝社团

葫芦丝，又称"葫芦箫"，是云南少数民族乐器，它音色优美，具有浓厚的民族特色。"竹小"的葫芦丝社团是为了丰富学生校园文化生活，提供展现自我才华和提高自身素质的机会而成立的。社团成立的初衷是陶冶学生情操，提高学生的艺术素养，增强学生合作意识，并推动和加强校园文化建设。

葫芦丝社团以弘扬中华传统文化为宗旨，引导学生认识葫芦丝、演奏葫芦丝，从会演奏基本音阶向演奏高级乐曲迈进。葫芦丝社团的成立丰富了学生的课余生活，提高了同学们的艺术修养（见图 4-9、图 4-10）。

丝音优美，余音绕梁，同学们在社团活动中尽情享受着葫芦丝带来的美妙和乐趣，体验着进步与成长。

图 4-9 葫芦丝社团的学生正在练习吹奏　　图 4-10 葫芦丝社团招新

五、"竹韵舞动"水粉画社团

水粉画是使用水调和粉质颜料绘制而成的一种画，其表现特点为处在不透明和半透明之间，色彩可以在画面上产生艳丽、柔润、明亮、浑厚等艺术效果，是儿童比较喜欢的画种之一。

"竹韵舞动"水粉画社团自成立以来，坚持每周举办一次活动，内容丰富多彩、形式多样，极大地吸引了学生们的兴趣，并受到了广泛的欢迎。儿童水粉画课程，不仅训练了学生的美术基本技能，还让他们掌握了必要的绘画知识和技巧。同时，这一过程也培育了学生丰富的想象力和创造力，使他们能够通过绘画充分表达个人情感和对美的理解。此外，该社团还鼓励学生培养观察生活、热爱生活的习惯，创作出既积极向上又具有艺术品位的作品，激发追求美好的奋进之情。

水粉画社团由两名老师任教。数年来，该课程通过多种趣味美术活动，让竹娃们认识颜色，了解颜色的变化，培养竹娃们的造型能力和调色能力，提高竹娃们对美的理解力。渐渐地，竹娃们喜欢上了涂涂画画，在玩中感受到色彩是一种不可抵抗的诱惑，培养了色彩感，树立了正确的审美观（见图 4-11、图 4-12）。在近几年的各级各类比赛中，竹娃水粉画作品多人次获奖。

图 4-11 学生正在进行水粉画创作　　图 4-12 学生展示水粉画作品

　　竹艺社团通过其多样化的竹主题活动，为学生们提供了一个展示自我、发挥特长的平台，不仅加深了他们对竹文化的理解，而且通过各类竹艺创作与表演，促进了学生个性的全面发展，激励他们在艺术修养、团队合作和创新能力上各展风采，从而形成独特的个人兴趣和实现才华的绽放。

第三节　"竹"题拓展，实现美美与共

　　青青竹林是孩子们魂牵梦萦的地方，他们曾在那里读书、与竹子比高，对竹子既亲切又好奇，总是有无穷无尽的问题。出于对孩子们的关注和兴趣引导，"竹小"决定从孩子们提出的问题中，设计一些与竹有关的小课题，并以研究小组的形式开展竹课题研究。这一初衷旨在激发孩子们对竹子的深入研究和探索，培养他们的科学思维、观察力，提升他们的综合能力。

　　"竹小"依托南京林业大学竹类研究所的学术支持，充分利用学校竹资源，从各年段孩子不同认知、能力水平出发，设计出 12 个小小竹课题（见表 4-2），进行研究学习活动。这样的竹课题研究能为学生带来一系列的益处。例如，一年级可以在校园内观察美丽的竹叶，二年级可以测量竹子的生长高度，中高年级的孩子们，则深入了解竹子的生态特点、生物学原理以及竹制品的制作过程，培养他们的科学思维和探索精神。我们希望能为孩子们营造一个开放、探索的学习环境，让他们爱上科学、热爱竹文化。

表 4-2　12 个小小竹课题

序号	小小竹课题	年级
1	美丽的竹叶子	一
2	竹叶贴纸后的变化	
3	我和竹子比比高	二
4	竹子一天能长多高？	
5	"雨后春笋"究竟能长多快？	三
6	形形色色的竹竿	
7	竹子出笋时间与数量调查统计	四
8	丛生竹、散生竹和混生竹的简单区分	

续表

序号	小小竹研究课题	年级
9	校园五种散生竹种胸径大小比较	五
10	竹子的年龄的辨别	
11	认识秆箨	六
12	竹节中气体成分的研究	

首先，通过开展竹课题研究，学生可以在实践中融入竹文化，增强对竹子的认识和了解。竹子是中国传统文化的重要组成部分，它象征着刚强和不屈的品质。学生通过观察竹叶、测量竹子的生长高度等活动，能够亲身感受到竹子的魅力，并从中学到有关竹子的知识。

其次，竹课题研究可以培养学生的观察力、实验能力和科学思维。在课题研究中，学生需要通过观察、测量、记录等方法来收集数据，并进行数据分析和推理。这种科学实践的过程可以帮助学生培养准确观察、严谨实验和逻辑推理的能力，提升他们的科学素养。

此外，竹课题研究还能激发学生的创新意识和解决问题的能力。学生可以在研究过程中提出问题、探索解决方案，并通过合作交流来解决问题。这样的实践培养了学生的创新思维和团队合作能力，提高了他们解决问题的能力和实践操作能力。

最后，竹课题研究也具有生态环境教育的价值。竹子作为一种独特的植物资源，具有较强的环境适应能力和生态保护意义。通过开展竹课题研究，学生可以了解竹子在生态系统中的作用，培养环境保护意识和可持续发展的观念。

南京林业大学竹类研究所的专家们对小小竹课题项目给予了特别大的支持，2019 年下半年，博士生导师、全国著名竹研究专家丁雨龙教授来到学校，对竹课题研究小组进行了指导，还赠送了一百多册《科学博物馆》。南京林业大学竹类研究所历任所长都关心着学生们的小研究，安排多位博士轮流每周来校一次，指导大家学习研究。学校甚至还组织学生走进了南京林业大学现代测试分析中心进行参观和学习。孩子们虽然是小学生，但在博士哥哥姐姐的影响下，也开始写起了小研究报告，将他们观察、测量、实验的一手资料记录下来，并通过探究和分析，展现出他们的研究成果。这些小小研究报告不仅让孩子们感到自豪和兴奋，也让我们深感这一过程的真实性和珍贵性。

孩子们在竹课题研究中通过实践积累了大量的数据和观察结果。他们用小小的手拿着测量工具，认真测量竹子的生长高度；他们蹲在竹丛中，专注地观察竹叶的颜色、形态和纹理。在实验室中，他们进行简单的科学实验，探究竹子的特性和生长规律。这些实践活动不仅培养了孩子们的科学素养，也锻炼了他们的观察力、实验能力和数据分析能力。

在撰写小研究报告的过程中，孩子们把这些观察和实验结果有条理地整理、分析，并提出了自己的探究问题。他们描述了竹叶的形状、颜色变化的规律，分析了竹子生长高度与环境因素的关系，并通过图表的形式呈现出来。这些报告虽然简短，但却反映了孩子们思考的成果，展现了他们对竹子的独特观察和深入探究。

孩子们的研究激发了他们对竹研究的兴趣和热情，很多孩子表示希望将来成为竹研究方面的博士。这种志向不仅表明了孩子们对科学研究的向往和追求，也体现了他们对中国传统文化关注和传承的愿望。

小小竹课题 4-1：竹笋究竟长得有多快？

一、实验目的及要求

本实验目的是使学生学会用科学的方法调查并记录不同竹子的竹笋在一周内每天的高度，了解竹子"高生长"的含义，并学会利用自身的调查结果绘制曲线，了解竹子"逻辑斯蒂"生长曲线（或者 S 形生长曲线）的概念。

二、仪器用具

米尺、笔记本、笔

三、实验方法、原理

竹子因其生长速度快而闻名，其"高生长"过程受到竹类植物研究界的广泛关注，调查竹笋的生长速度是了解竹子生长规律的重要基础。

本实验通过调查校园内正在发笋的竹种，分别标记 10 棵露出地表的竹笋，每天同一时间去测量其高度，同时记录数据，利用数据绘制其生长曲线。

四、实验步骤

1. 首先老师 ppt 讲解竹子的地上和地下部分，让学生了解竹子地上和地下鞭根系统的基本结构和分类；展示竹子从笋芽到成竹的整个生长过程，让学生了解"生长发育"的基本概念。学生认识到从竹笋到成竹是一个发育过程，清楚竹笋是从竹鞭的哪个部位发出来的。

2. 同学们分成小组，在校园内寻找正在发笋的摆竹、箬竹、雷竹与板桥竹的竹笋各 10 棵（以露出地面为准），在挂牌上标记好序号，挂在标记的竹笋之上，每天同一时间用米尺测量其高度。

3. 每个小组负责测量一个竹种的竹笋，并将测量结果记录在册。

4. 老师将数据收集起来，分析结果并作图，再以 ppt 讲解的方式展示此次调查结果，并讲解竹笋生长规律的"逻辑斯蒂"曲线。

五、实验结果

教师将学生的测量数据做成曲线图进行展示（见图 4-13、图 4-14）。

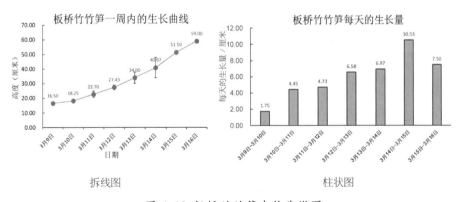

拆线图   柱状图

图 4-13 板桥竹竹笋生长曲线图

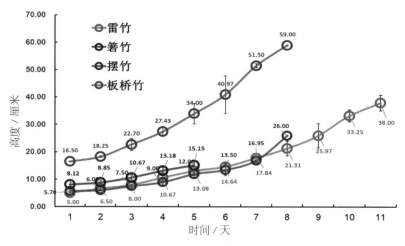

图 4-14 四种竹子一周内的生长曲线图

六、结论与讨论

通过对雷竹、箬竹、摆竹、板桥竹一周内的竹笋高度数据进行分析，绘制出了如上曲线。从图中可知，板桥竹一周之内从 16.50 厘米长到了 59.00 厘米，每日最高生长量为 10.53 厘米，最少为 1.75 厘米。其他三个竹种包括雷竹、箬竹、摆竹分别从 5.00 厘米长到 38.00 厘米，8.12 厘米到 15.15 厘米，5.70 厘米到26.00 厘米。

前人对毛竹在两个月内的生长速度做过调查，绘制的曲线如下图所示：

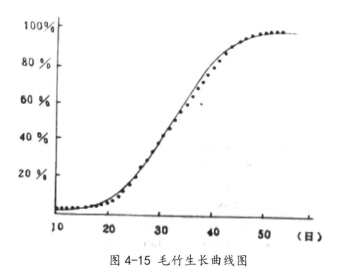

图 4-15 毛竹生长曲线图

因其整个生长曲线形似"S",因此称毛竹的高度生长情况为"S形生长",符合"慢—快—慢"的生长速度。S形生长曲线因为符合Logistic数学方程,因此也称为"逻辑斯蒂"生长曲线。几乎所有竹子的高度生长都符合"逻辑斯蒂"生长曲线。

而同学们根据对四种竹子生长速度的调查结果绘制的曲线看上去并不太符合"逻辑斯蒂"方程,经过讨论之后同学们了解到,竹笋的高度生长往往需要两个月甚至更长的时间,而因时间原因调查只进行了一周左右,因此绘制的曲线只是"逻辑斯蒂"生长曲线的一部分。

该次调查让同学们了解到了研究一个科学问题的方法,由于有时室外实验无论晴雨都需及时进行,因此也锻炼了同学们吃苦耐劳的精神。同时,将自己的调查数据呈现出来的结果与已有的研究结果相互比较,及时得出结论,是一次理论与实践相结合的体验(见图4-16、图4-17)。

图4-16 学生测量并记录竹笋高度

图 4-17 学生给竹笋挂牌，收集数据

（课题指导：赵传龙 薛梅）

小小竹课题 4-2：寻找竹笋

一、实验目的及要求

本实验目的是通过理论与实际调查相结合的方式，使小学中高年级学生能够从形态学与简单解剖学上了解竹笋的结构，能够区分不同竹种竹笋之间的差异；通过校园实地调查认识校园内不同竹子的竹笋，强化理论知识，培养科学观察力，激发兴趣。

二、仪器用具

笔记本、笔

三、实验方法、原理

竹子的发笋时间以及竹笋特征是竹子分类中最常用的依据之一，了解竹子的竹笋特征及观察其笋期对于竹子分类具有重要意义。同学们用系统观察的方法认识和分辨竹笋。

四、实验步骤

1. 通过 ppt 教师讲解的方法，同学们对于竹笋的结构特征有所了解，包括箨鞘、箨叶、箨舌、箨耳、遂毛等外部结构，简单解剖后了解节、节间、髓腔的基本形态。

2. 在校园内寻找正处于笋期的竹笋，对竹笋进行挂牌标记，并测量其高度，为之后的每日生长量的调查做准备（见图 4-18、图 4-19）。

3. 通过对不同竹子笋的特征进行观察和感受，加深对竹笋特征的理解，比较不同竹种竹笋之间的异同点。

图 4-18 郭玲博士带学生在校园内寻找竹笋

图 4-19 郭玲博士给学生讲解竹笋特征

五、结论与讨论

通过在校园内寻找和观察，发现在三月发笋的竹种有板桥竹、摆竹、雷竹和箬竹。

据同学们观察所得，四种竹子的笋，按照箨鞘有无刺毛的特征大致可分两种：箨鞘上有刺毛的竹种有摆竹、箬竹，而雷竹与板桥竹箨鞘较为光滑。

四种竹子的笋箨颜色不一。板桥竹箨鞘绿色，顶端紫色，箨叶较小，紫色，三角形，直立，无箨耳和遂毛。雷竹箨鞘有褐绿色和淡黑褐色两种颜色，上面无刺毛，有斑点，还有紫色纵条纹，无箨耳和遂毛，箨叶强烈皱曲，外翻，绿色或紫褐色。而摆竹发笋数量稀少，仅发两棵，据观察所得，箨鞘淡紫红色，上有稀疏的刺毛，箨耳很小，具有遂毛。箬竹发笋量很大，箨鞘基部有非常明显的刺毛，刺毛深棕色，有明显箨耳和遂毛。

在此次调查中，同学们对于竹子的发笋表现出了很大的热情和好奇心，小型竹子发笋因其笋纤细而不易被察觉，但同学们通过观察可以十分敏锐地发现处于笋期的竹子，并且能够通过仔细观察以及触摸等形式分辨不同竹子笋箨上的异同，加深了对于竹笋的了解和认识，对学生们来说这是一次具有针对性的科学观察训练。

第五章

"亲竹"启智，学以致用

　　"亲竹"工研坊创意课堂打开了一扇通往创意的大门，在竹文化的熏陶下，孩子们的心灵得以开放，创造力如春笋般涌现。这个创意课堂以自然、自主、和谐和适性为概念，为学生们营造了一个流动而充满活力的学习环境。

　　当孩子们踏入这个奇妙的课堂，仿佛置身于一片竹海之中，沐浴在竹叶摇曳的清风中。课堂氛围充满了竹的韵味，竹的纹理、竹的色彩在孩子们的想象中闪烁。他们被鼓励去触摸、感受竹子的质感，与竹文化产生了深度的共鸣。

　　在这样的课堂氛围中，孩子们不仅是知识的接收者，更是创造者和探索者。他们被赋予了自主学习的权利，通过亲身实践和观察，培养了观察力和思考力。在这里，他们可以自由地张开想象的翅膀，提出奇思妙想，探索世界的奥秘。

　　课堂中的合作与和谐也是这个样态的重要特点。孩子们被鼓励团队合作，共同找寻答案，交流想法，从中学习到了相互尊重和倾听的重要性。他们在和谐的氛围中共同成长，彼此激励，携手构建起一个友爱而有活力的学习社区。

　　最重要的是，"亲竹"课堂以孩子们的个性化发展为中心，关注每一个孩子的特点和需求，每个孩子都有机会展示自己的才能和创造力。根据个体倾向和学习风格的差异，制订教学计划，让每个孩子都能在这个课堂中找到自己的位置，实现自我价值的最大化。

　　"亲竹"工研坊创意课堂的新样态，以竹文化为灵感源泉，营造了一个独具魅力的学习环境。在这里，孩子们追寻创意的火花，感受大自然的力量，发现并发扬自己的个人魅力。这个创意课堂的目标不仅是传授学生专业知识，更是着力于培养孩子们的创造力、合作精神和关爱环境的意识。让我们与孩子们一同在竹林中徜徉，用创意的思维，探索这美妙而充满机遇的世界。

第一节　情境：感染每一个学生

　　课堂是教学的场所，也表示某一个具体的教学过程单元。课堂文化是指在独特的教育理念影响下师生教学所形成的独特模式、精神原则、风貌氛围等内容。对于学校来说，课堂是教学的主渠道，因而课堂文化在学校文化中居于核心地位。"亲竹"工研坊创意课堂以绿色课堂为基础，致力于培养学生的创造力、实践能力和审美意识，让他们深入了解并体验竹文化的魅力与价值。

　　"成竹文化"是看重生命成长的文化。生命的跃进必然要遵循成长的规律性与生命的主体性。这一文化反映到课堂上，即是对学生天性的顺应、对学生个性的尊重。因此我们提倡课堂应是尊重学生个性、促进多元发展的个性课堂、多元课堂，同时也是师生共进、生生合作的互助课堂、和谐课堂。"绿色课堂"是指将绿色、生态化的教育思想应用于教师教学中的一种课堂模式。

　　"绿色课堂"的第一个特性是"自然性"，所谓的"自然"并不是指让事情随遇而安，而是指教学应尊重学生的内在特点和智力发展规律，不强加干涉，不背离自然规律，不强迫，不滥施逼迫，而是尊重和应用教学的客观规律并将其贯彻到课堂的方方面面中。真正的自然是符合规律的，而真正符合规律的教学也是自然的。在"竹小"的"亲竹"工研坊创意课堂中，所强调的自然性，就是要尊重规律的"自然"。

　　这种自然性的教学方式，不是让学生随意发展，而是根据学习的规律和特点，有目的性地引导学生的学习过程。教师不会随意安排教学内容，而是根据学生的需求和兴趣，设计符合他们认知发展水平和思维方式的任务和活动。通过创造真实的情境和体验，学生能够自主地探索、发现和学习知识，而不是被灌输。

首先，课堂注重创造具有真实性的情境和环境，使学生感受到学习的意义和实际应用。例如，在竹子的环境中，学生可以亲自触摸、感受竹子的质感，了解竹子的特点和用途。通过与竹子互动，学生能够更好地理解相关概念和知识，并建立与真实生活的联系。

其次，课堂强调学生的主动参与和自主学习。学生在课堂上不再是被动接受知识的对象，而是被鼓励与教师共同构建知识。他们有机会提出问题、表达观点，参与讨论和合作活动。通过自主选择和参与，学生能够培养自我学习的能力，发展批判性思维和解决问题的技巧。

此外，课堂还鼓励学生通过实践来巩固知识和技能。学生将参与各种创意任务和实践活动，例如设计和制作竹制品、参观竹艺展览等，以应用和实践所学的知识。通过实践体验，学生能够深入理解理论知识，发现问题并找到解决方案。

这种自然性教学的目的在于让学生在符合自然规律的环境中学习，在学习中逐渐领悟真理和规律。教师在教学过程中不会急于求成，而是以培养学生的学习兴趣、学习方法和学习能力为重点，让学生在适应自然规律的过程中得到全面的发展。通过这种自然性的教学方式，学生能够更好地适应学习的要求，形成自主学习的能力，培养出创新思维和解决问题的能力。

教学案例 5-1：快乐足球场——创意"小竹人"设计制作

一、创意项目

1. 项目名称：快乐足球场——创意"小竹人"设计制作

2. 基本样式（见图 5-1）

图 5-1 "小竹人"制作模板

二、教学目标

1. 基于人体的基本组成部分及人物动态，在简单地锯、切、粘等过程中，学会运用竹节等材料进行创意表现；

2. 基于足球场情境，小组合作完成作品，培养团队合作能力，了解竹子济人利物的价值。

三、教学重难点

教学重点：学会用竹节来表现人物造型。

教学难点：竹节斜面角度大小与动态关系。

四、教学具准备

分组材料：分段竹节（直径不一）若干、小锯子 2 把、电熔枪 1 个、小刀 1 把、防护手套 3 双等。

五、教学过程

教学环节	教师活动	学生活动	教学意图
生活导入激发创意	1. 出示竹图片，讲述竹的分布，学生试回答竹有哪些优秀的品质； 2. 简单讲解竹的用途； 3. 师：竹除了这些用途外还可以做什么呢？ 出示足球比赛图片，实物出示微缩足球场，提问：我们可不可以创造性地用竹节来表现这些球员，并安装在微缩足球场沙盘上呢？ 4. 贴课题：快乐足球场——创意"小竹人"设计制作	思考讨论竹品质	由校园里的竹切入课题，在竹用途的讨论中让学生知道竹的优秀品质。 了解竹在生活中的基本应用。 由孩子们喜欢的足球运动，过渡到人物造型，激起学生利用竹节等材料创意表现的兴趣。

教学环节	教师活动	学生活动	教学意图
聚焦造型 示范指导 明确要点	1. 出示不同球员运动的图片，提问：观察图片，你知道人物身体是由哪些部分组成的吗？ 2. 出示运动图片（见图5-2），讨论：如果用竹节来表现这名球员的动态造型，怎么制作呢？ 图5-2 运动员造型 3. 小结：组成部分有头、躯干、四肢，注意四肢及关节的动态。 4. 讨论：足球场上球员有不同的动态，如何表现出动态？ 5. 示范并讲解： （1）四肢及关节的动态变化； （2）关节处斜面角度的处理方法； （3）制作步骤（见图5-3）； 图5-3 制作步骤图 （4）安全小贴士：安全使用工具（见图5-4）。 图5-4 劳动工具	观察 图片 分析 概括 思考回答 问题1 思考回答 问题2 倾听 体会	通过讨论、演示和讲解，让学生知道人体的基本组织部分，知道人体动态与四肢（关节）的关系。 教师在示范及讲解过程中，指导学生知道斜面角度大小决定人物四肢的动态，明确制作"小竹人"的基本步骤，学习正确使用工具，增强安全防护意识。

教学环节	教师活动	学生活动	教学意图
小组练习场景组装	1. 小组合作，组长分工，制作1~2件不同造型的动态"小竹人"，教师巡视指导； 2. 提供足球场沙盘，收集各组"小竹人"，组合安装提示：以足球位置为指向。	分组合作20分钟 组长上台在足球沙盘中安装"小竹人"	运用小组合作制作的方式，并提供足球场沙盘，在其中安装，展示学生作品。
师生评价	提供安装好的足球场沙盘，提问：你最认可哪个"小竹人"？说说你的想法。 引导评价要点： （1）动态造型自然； （2）制作精致美观（外观比例、美观处理）； （3）小组合作和谐。	学生互评	在学生互评、教师点拨的过程中，再次巩固课堂学习重点。
延伸创意	1. 今天我们一起利用竹节设计制作了"小竹人"，我们可不可以利用竹节来设计制作其他物品呢？比如不同造型的动物等等。 2. 下课，请各组收拾整理桌面的材料及工具。	思考延伸	鼓励引导学生将创意引向深处，并重视培养学生良好的行为习惯。

（执教者：史绍林）

案例思考

　　"快乐足球场——创意'小竹人'设计制作"是一个充满魅力的案例，它体现了"亲竹"课堂的自然性，通过将孩子们喜爱的足球运动与竹文化相结合，激发了学生利用竹节等材料进行创意表现的兴趣。

　　首先，在这个案例中，学生们通过参与足球运动，感受到了活力和快乐。在足球场的草地上和阳光照耀下，孩子们展开了欢快的比赛，流畅的动作和团队合作激发了他们的活力和激情。他们的身体与自然环境相融合，真实地体验到了自然的力量和美妙。

　　接着，通过将足球运动与竹文化相结合，引发了学生们对竹节等材料创意表现的兴趣。学生们在比赛之余，开始了创意"小竹人"的设计和制作。他们根据自己的想法和创造力，使用竹节和其他材料，将"小竹人"的形象逐渐塑造出来。这个过程中，学生们能够自由地发挥想象力，挑战自己的创造力，展现自己独特的才能。

　　在这个案例中，"亲竹"工研坊课堂的自然性得到了充分体现。一方面，足球运动作为自然的活动形式，为学生们提供了与自然交融的机会。通过体验真实的足球比赛，他们能够感受到自然的力量和活力。另一方面，以竹节为材料的"小竹人"设计与制作，引发了学生们对自然材料的兴趣和创造力的发展。他们能够自主地选择和利用竹节等材料，通过实践和创作来表达自己的想法和个性。

　　这个案例的实施，让学生们在自然的环境和竹文化的引领下，获得了真实的学习体验。他们能够自主地探索和发现，通过创造力的释放，展示出自己的想法和才能。这种自然性的学习方式培养了学生的创造力和解决问题的能力，让他们在快乐足球场中体验到自然与创意的完美融合。

第二节　创新：启发每一个学生

　　绿色课堂的第二个特性是自主性，它强调每个学生的主动性和自主学习能力的培养。恰如竹子对生长的无限渴望促使其不断地吸收阳光雨露，最终完成自身的成长。否则，再好的外部条件也无济于事。在"竹小"的"绿色课堂"中，学生是关注的重点，师生之间的关系是以学生为主导的。教师不仅仅是传授知识，更重要的是教会学生如何学习知识。

　　在绿色课堂中，教师的教学设计和教学过程都围绕着学生展开，而不是围绕着知识或教师自身。重要的不是教了多少，而是学生学会了多少，教师充当引导者和促进者的角色，激发学生的学习兴趣和动力，鼓励他们积极参与到课堂活动中。这种自主性的课堂设计有助于激发学生的积极性、能动性和学习能力的提升。学生在这样的课堂环境中能够更好地发挥自己的创造力和思维能力，提高自主学习和解决问题的能力。

一、自主学习是终身学习的重要组成部分

　　自主学习能够帮助学生掌握面临新挑战时所需的技能和知识。教师在课程设计中提供适当的学习任务和项目，鼓励学生积极参与并主导学习过程。学生有机会自主选择学习的内容和学习的方式，在教师的指导下制订学习计划和目标，并且通过反思自己的学习成果和过程来不断改进学习方法。

　　例如，在学习竹子的课程中，学生可以被要求研究竹子的各个方面，如生长环境、用途和竹文化。作为自主学习的一部分，学生可以自主选择阅读相关的书籍和资料，进行实地考察，并运用科学方法进行实验和观察。

他们可以通过小组讨论、展示和报告等方式共享自己的学习成果，相互学习和补充知识。

通过自主学习，学生不仅能够深入了解所学内容，还能够培养问题解决能力、创新思维和自主管理能力。他们将逐渐习得自我调节的技能和学习方法，能够有效利用资源和信息，主动解决问题和应对挑战。

二、推崇、尊重和欣赏每个学生独立的创造力和思维模式

教师引导学生进行开放性的思考，鼓励他们提出自己的见解和观点。学生通过探索和实践，发展独立思考和问题解决的能力。他们被鼓励尝试新的想法和方法，不断质疑和探索，激发创新的火花，培养创造性思维和解决问题的能力。例如，如果学生对竹子的可持续利用感兴趣，他可以自主研究竹子在建筑领域的应用，并尝试提出自己的创新想法。他可能认为竹子可以被利用来建造绿色建筑，发挥其轻质、坚固和可再生的特性。在课堂上，教师会鼓励学生展示自己的创新想法，并与其他同学分享交流。这样的探索和讨论将激发其他学生的思维，可能会产生出更多创新的想法和解决问题的方法。

三、提供个性化的学习支持

在绿色课堂教师通过了解学生的个体差异和学习需求，提供个性化的学习支持。教师与学生建立良好的师生关系，关注学生的学习兴趣、能力和困难。根据学生的特点，教师根据需要调整教学方法和策略，为学生提供针对性的辅导和支持。这种个性化的学习支持有助于激发学生的学习潜能，提高学生学习效果和自信心。

例如，一个学生可能对竹制乐器制作非常感兴趣，但面临技术层面的难题。教师会与该学生进行一对一的辅导，了解其具体困难，并根据学生的需要提供个性化的指导。教师可能会专门为学生提供有关乐器制作的资源和资料，并指导学生进行实践和练习。通过个性化的学习支持，学生不

仅能够得到针对性的技术指导，还能够培养解决问题和跨学科合作的能力。

除了针对具体技术问题的支持，教师还会关注学生的学习兴趣和动机，并根据学生的兴趣点设计学习任务。例如，对于对艺术感兴趣的学生，教师可能会鼓励他们通过研究竹子的艺术应用，创作自己的竹艺作品；对于对科学感兴趣的学生，教师可能会引导他们进行竹子的实验和观察。通过个性化的学习支持，教师能够激发学生的学习动力，提高学生的学习效果。

教学案例 5-2："箨"展艺术——花儿朵朵

一、创意项目

1. 项目名称："箨"展艺术——花儿朵朵

2. 基本样式图（见图 5-5）

图 5-5 竹箨作品

3. 教学年级：五年级

二、教学目标

1. 认识竹箨，发挥想象，小组合作，运用竹箨、毛线、红豆、薏仁米等身边的材料，通过剪、印、磨、贴等技法，初步完成形象、立体的花卉作品；

2. 鼓励学生从生活中发现美、探索美，热爱自然、节约资源，激发学生创造热情。

三、教学重难点

重点：把握竹箨材料的艺术表现方法，小组合作完成形象、生动的竹箨花卉作品。

难点：立体花卉的表现方式，花瓣和花叶的形象表现。

四、教具准备

教师准备：教学范画、ppt 课件、竹箨、剪刀、双面胶、白胶、不干胶、硫酸纸、6B 铅笔等。

学生准备：剪刀、铅笔、毛线、红豆、薏仁米等。

五、教学过程

教学环节	教师活动	学生活动	教学意图
音频导入 激发兴趣	1. 导入：小小竹娃们，上节课我们一起画了《花儿朵朵》，今天这节课，老师给大家请来了一位神秘嘉宾，我们看看他是谁？ 2. 我们的笋竹娃有一个困惑，我们一起来听听看（播放音频）。 3. 那这节课老师就带小朋友们利用竹箨等材料来制作"朵朵花儿"，让我们的竹箨大展风采！ 4. 出示课题。	听音频 交流互动	播放竹娃录音，运用学校特色竹娃形象导入，让学生初步了解竹箨材料，认识到竹箨资源的浪费，激发学生利用资源创作的兴趣。
观看图片 厘清结构	1. 艺术大师罗丹曾说过"生活中并不缺少美"，教师引导学生"参观"校园美景。 2. 今天老师也带来了一朵花（出示小花花），谁来给大家说一说，花卉由哪些主要部分组成呢？	观看图片 观察讨论，厘清花卉的主要组成部分	通过生活中的花卉，引导学生讨论花卉的主要组成部分——花瓣、花蕊、花托、茎、叶，为下面制作做铺垫。

教学环节	教师活动	学生活动	教学意图
示范引领 基础练习	1. 那我们先来看看"花瓣"和"叶"这两个特征（出示小标题："花瓣""叶"）。 2. 教师示范花卉、叶的制作方法，学生小试牛刀。 3. 师生讨论：如何让花更立体？ 4. 观看叶子制作视频。 5. 欣赏学生作品，巩固学生的构图搭配基础。	两分钟初步练习制作简单花卉 互动讨论，总结方法 观看视频，总结叶子制作方法，讨论分析其他学生的作品，掌握构图与创意技巧	在示范、讨论、对话的过程中，练习制作简单花瓣、叶子，回顾美术课上学习的构图搭配知识，在江苏名乐《紫竹调》的背景音乐声中，完成基础制作，传播文化。
创意制作 特色评价	1. 第二次制作：小组合作，用竹篾等材料制作朵朵花儿。 要求： （1）构图饱满，外形美观；（2）材料丰富，富有创意；（3）小组合作，智慧完成。 2. 展示评价： 最佳智慧奖，发放智慧竹娃卡； 最佳健美奖，发放健美竹娃卡； 最佳创新奖，发放创新竹娃卡。	学生小组合作15分钟进行创意制作 积极参与评价活动	根据制作任务，选取小组合作方式，完成有一定挑战性的创意制作，并依据学校竹娃评价体系，从构图、材料运用、小组合作等维度，进行自评、他评。教师中间播放竹笛、葫芦丝演奏的家乡名曲《茉莉花》，让学生了解竹乐器，进行爱家乡的教育。

续表

教学环节	教师活动	学生活动	教学意图
延伸创意	我们的生活中处处都蕴含着美。今天，我们用竹篾等材料制作了栩栩如生的花卉作品。如果竹枝、竹节、竹叶等竹元素与生活中的棉线、麻绳、纽扣、布料等相遇时又会发生哪些有趣的故事呢？（ppt 播放图片）	观看作品思维延伸	谈话鼓励孩子们创意运用多种材料，进行制作活动，将孩子们创新思维引入更广阔的天地。

（执教者：刘玉凤）

 案 例 思 考

　　在本课例中，学生们将亲自接触竹篾，并学习如何剪裁和加工竹篾。通过触摸和感受真实的竹篾，学生们能够更深入地了解竹子的外观、纹理和特点。在进行剪裁和加工时，他们可以依据自己的创意和想法，自主决定如何处理竹篾的形状和大小。"亲竹"工研坊创意课程鼓励学生进行实践和探索，鼓励他们尝试不同的艺术技巧和创作方式。例如，学生们可以运用剪裁和编织的技巧，将竹篾制作成美丽的花朵，也可以自己创作其他创意造型。

　　此外，课堂也倡导学生的主动参与和主导学习。教师扮演着指导者和启发者的角色，促使学生们主动提问、发现问题并解决问题。教师鼓励学生们展示自己的创意作品，分享彼此的经验和思路。学生们也被鼓励自由地表达自己的想法，不受限制地展现创造力。学生们在自由的环境中，通过与竹篾亲近和创作，发现了自己的个人独特性和想象力。他们从中获得了无限的成长，成了自主思考和创造的学习者。

第三节 实践：吸引每一个学生

在"亲竹"工研坊创意课堂中，和谐性是第三个重要特性。和谐性强调生命的成长是一个自然而和谐的过程，需要各种因素的有序配合，共同促进学生的发展。通过吸引每一个学生的参与和贡献，课堂能够实现和谐性的目标。

在"亲竹"工研坊创意课堂中，教师注重创造一个和谐的学习环境。他们以鼓励和赞扬为导向，给予每一个学生充分的关注和肯定。教师引导学生学会互相尊重和扶持，鼓励他们彼此支持和合作。这种和谐的氛围促使学生们更加积极地参与课堂活动，享受学习的乐趣，并从中获得成长。学生通过亲近竹子、参与种植和丰富多彩的主题活动，体验到了与自然的和谐共生。他们学会了欣赏竹子的美丽和价值，明白了生命成长需要各种因素的有序配合和互相促进。通过参与课堂的活动和分享自己的成果，学生们相互感染和激励，创造了一个和谐共融的学习氛围。

在"亲竹"工研坊创意课堂中，学生与文本知识之间的关系也被重视。教师鼓励学生自主探索和思考，引导他们发现和理解文本知识之间的关联。教师还通过提供多样化的学习资源和活动来激发学生的学习兴趣和发展潜能。学生可以通过实践和体验来加深对文本知识的理解，例如通过亲身触摸竹篝来了解竹文化的历史和应用，通过创造作品来将所学知识应用于实际创作中。这种有趣而实践性的学习方式进一步增强了学生与文本知识之间的和谐关系。通过这种方式，学生能够建立起与知识的和谐关系，深入理解和应用所学的知识。

在"亲竹"工研坊创意课堂中，学生间也建立了相互尊重、合作和分享的关系。他们通过亲身参与和合作完成课堂任务，相互支持和帮助，一同创造美好的作品。学生与学生之间的和谐性体现了生生共荣的理念，他们通过互相交流和分享，激发彼此的创造力和想象力。每个学生都能感受到自己在整个学习生态系统中的价值和重要性，形成一种学习主客体共荣的关系。

活动案例 5-1：竹子的戏剧体验

一、设计理念

随着时代的发展，学生的表现欲望比以往任何时候都更强烈，他们渴望得到他人的认同，需要一个实现自我价值、张扬个性的平台。特别是随着新一轮课改不断深入，学生在教学活动中的主体地位进一步凸显，他们对课本剧表演、情景会话表现出了浓厚的兴趣。开展以"竹子"为主题的戏剧体验活动，旨在让学生通过戏剧表演的表达形式，丰富学习体验，感悟竹子的成长过程，在表演中体会竹子的品性，更好地理解我校"悟竹立品，成竹正行"的校训，主动成为竹文化的传承者，促进综合素质的提升。

二、适合年级

一至二年级

三、活动目标

1. 帮助学生理解竹文化内涵，学习和掌握戏剧表演相关知识。

2. 引导学生不断发现自己，体验成功的快乐，发展学生的个性和特长。

3. 增强学生的合作意识，提高学生感受美、欣赏美、表现美、创造美的能力。

四、活动地点

学校竹林

五、活动内容

1. 播放舒缓的音乐，同学们排好队，前后、左右间隔约 1 米，跟随音乐的节奏，慢慢蜷缩身体，仿佛回到温润的大地（见图 5-6）。

2. 同学们试着把身体的每一个关节都缩到最紧，每一处空隙都让它闭合，像一颗小种子一般。

旁白：我们的身体可以变得像青青翠竹一般非常大吗？

3. 同学们开始慢慢地挺直背部，四肢伸展，气息顺畅，逐渐站立。想象着，我们的每一个部位都朝着远方无限伸展，超出我们所处的空间。稍作停顿后，再次慢慢蜷缩身体，恢复成小种子状（见图 5-7）。

4. 从 1 数到 10，每一个数字代表一次伸展或收缩。数字 1 是蜷缩到最小，数字 10 是伸展到最大，反复练习（见图 5-8、图 5-9）。

5. 请一位同学在旁边讲述竹子的故事，其他同学把自己想象成一根竹子，跟随故事和音乐慢慢地伸展或收缩身体，感悟竹语。

6. 和边上的小伙伴手拉手，想象着我们变成了一片竹林，一起随风舞动起来吧！

以小组为单位，尝试用身体的戏剧表演来展现你们学过的竹子故事吧。

图 5-6 蜷缩身体

5-7 慢慢伸展四肢

图 5-8 从 1 数到 10 慢慢舒展身体

图 5-9 最大程度伸展身体

（执教者：雷青）

 案 例 思 考

　　通过开展以"竹子"为主题的戏剧体验活动，学生能够通过戏剧表演的表达形式，丰富学习体验，并深入感悟竹子的成长过程。在这个过程中，他们将能够体会到"竹子"的品性。

　　在戏剧表演中，学生们可以扮演不同的角色，如竹子、园丁、观赏者等，通过表演的形式，准确地传达竹子的品性。例如，通过表现竹子的坚韧等特点，学生们能够深入感受到竹子的成长之美。

　　戏剧体验活动的开展将吸引每一个学生的兴趣和参与。通过角色扮演和演绎竹子的品性，学生们将投入活动中，积极参与表演、探索和创作。这种参与能够提升他们的自信心、创造力和表达能力，使他们更加积极地参与到"亲竹"工研坊创意课堂的学习中。

　　此外，通过戏剧体验活动，学生们能够深入了解竹文化，并增强对环境保护和可持续发展的认识，他们将对竹子的成长过程和其在自然界中的角色有更深入的了解，这有助于培养学生对自然的尊重和保护意识。

第四节　合作：关注每一个学生

绿色课堂是一个关注生命个性的教学模式，适性是其第四大特性。在这样的课堂中，教学不仅关注学生们共同的学习需求，同时也注重体察个体间的差异性，发现每个生命的特点，并为其提供适合其成长的个性化教育方案。只有在这样的环境下，我们才能真正构建起属于学生自己的高效课堂。因此，在绿色课堂中，教师要关注不同的学生，发现他们的差异，并尊重他们的个性。同时，教师也要为每个孩子量身定制与其个性相适应的课堂方案，使其能够得到最合适的教育。这种因材施教的方法是"和"字的重要内涵，也是实现教育适性化的主要目标。

在"亲竹"工研坊创意课堂中，尽管大家上的是同样的课程，但每个孩子的学习方式和能力级别可能会有所差异。有的孩子可能需要多一些实践和动手的机会，有的孩子可能需要多一些理论讲解。这正是教育适性化的体现，并且正是"竹小"人对"和"字的理解——每个孩子都有他们的个性，我们需要为他们提供一个可以发展他们个性并同时满足他们学习需求的环境。在这里，教师不仅要教授技能，而且还要挖掘每个通过技能透视出的个性特征。

一、个性化学习，关注每一个学生

"亲竹"工研坊创意课程比较注重个性化学习，教师充分关注每个学生的个性和兴趣。我们认识到学生有各自不同的喜好和学习方式，因此致力于制订个性化的学习计划，以激发他们的学习动力。

教师会认真倾听学生的意见和反馈，了解他们对竹子或其他方面的兴趣和热情。根据学生的需求，教师会灵活调整课程内容和教学方法，以确保每个学生都能够得到最大程度的学习价值和满足感。

对于那些对竹子有更大兴趣的学生，教师会提供更丰富和深入的学习机会，例如组织专题研究、实地考察、竹工艺制作等活动，以满足他们的需求，并鼓励他们进行更深入的研究和探索。

对于那些对其他方面表现出更多热情的学生，教师会在课程中融入相关内容，以使他们与课程产生更强的联系。同时，我们也鼓励他们分享自己的知识和经验，以促进同学之间的互相学习和交流。

个性化学习的方法，能够更好地满足学生的需求，激发他们的学习热情，提高他们的学习效果和满意度。同时，这也能够帮助学生发现自己的潜力和优势，培养他们的独立思考和自主学习能力。

二、弹性学习环境，适应不同的学习方式

"亲竹"工研坊创意课程提供多样化的学习环境，以满足每个学生不同的学习方式和喜好。我们认识到不同学生在学习上有不同的偏好，有些学生更喜欢团队合作，而有些学生更喜欢独立思考和创作。

因此，在课堂中，教师将创造一个弹性的学习环境，鼓励学生以适合自己的方式参与活动。对于喜欢单独思考和创作的学生，教师会提供一些独立工作的机会，让他们有充分的时间和空间来深入思考和发展自己的创意。他们可以在小组或个人项目中表现出自己的才能和独特的观点。

对于喜欢团体合作的学生，教师会组织一些小组活动和合作项目，让学生在合作中相互学习、协作和交流。通过合作，学生能够学习共同解决问题、倾听他人的观点和有效沟通的技巧。

此外，教师还会鼓励学生在课堂中尝试不同的学习方式和方法，以拓展他们的学习经验。例如，教师可能提供多样化的学习资源，如书籍、视频、在线平台等，让学生可以根据自己的喜好和需求选择合适的学习材料。

通过提供多样化的学习环境，我们相信每个学生都能够找到最适合自

己的学习方式，并能够在其中发挥自己的优势和潜力。我们鼓励学生勇于尝试和探索，培养他们的学习灵活性和适应性，使他们能够适应不同的学习场景和未来的挑战。

三、多元化评估方法，了解学生的学习进展

为了全面了解每个学生的学习进展，在"亲竹"工研坊创意课程中学校采用多元化的评估方法。与传统的考试和测验相比，更加注重衡量学生在不同方面的学习成果和能力。

教师会通过观察学生在课堂上的表现，包括参与度、合作能力和创造力等，来评估他们的学习进展。例如，教师会观察学生在小组项目中的贡献和合作方式，以此了解他们的团队合作能力和领导潜力。

此外，教师鼓励学生通过展示作品的方式来展现他们的学习成果。学生可以通过海报、演讲、艺术品或其他形式的展示来表现他们的研究成果和创意产物。教师会对这些成果进行评估，包括创意度、表达能力和专业性等方面。

讨论也是评估学生学习的重要方式之一。教师会组织小组或全班讨论，通过学生之间的交流和互动，了解他们的理解深度、批判性思维和口头表达能力。同时，学生也能够从讨论中获得不同观点的启发和思维碰撞。

除了上述评估方法，教师还会定期提供个性化的反馈。通过直接与学生交流和回馈，教师可以帮助学生识别自己的优势和提供改进的建议。这种个性化的反馈有助于学生更好地了解自己的学习进展，并在学习中不断提升自己。

通过多元化的评估方法，能够更全面地了解学生的学习情况，包括他们的知识水平、技能发展、思维能力和沟通表达等方面。这种了解能够为制订更具个性化的教学计划提供参考，帮助学生在适合自己的学习领域发展和提升。

四、学生参与决策，共同构建课堂环境

在"亲竹"工研坊课堂中，学生的参与被视为非常重要的一部分。他们不是被动地接受知识和指导，而是可以积极参与到决策过程中，共同构建课堂环境。

例如，在"亲竹"工研坊创意课堂中，教师可以与学生一起制定学习内容或活动，以考虑和满足学生的兴趣和需求。学生的意见和建议被认真听取和尊重，这可以提高学生的责任感和自主性，使他们成为学习过程的积极参与者。

这种学生参与决策的做法有助于培养学生的领导能力、团队合作和问题解决的能力。学生能够学习如何表达自己的意见、倾听他人的观点并寻求共识。他们通过与教师和同学之间的互动，开发自己的创造力和批判性思维。

此外，学生参与决策还能够更好地适应个体生命的发展。他们有机会根据自己的兴趣和目标进行选择，从而获得更有意义和个性化的学习体验。这种个性化的参与能够激发学生的学习动力，提高他们的自信心和学习效果。

在"亲竹"工研坊课堂中，学生的参与不仅仅是为了获得知识，更是为了培养综合素养和发展个人潜能。通过让学生参与决策，我们能够创建一个开放、互动和富有创意的学习环境，激发学生的学习热情和创新思维，帮助他们建立终身学习的意识和能力。

活动案例 5-2：吟竹诗，悟竹德

一、设计理念

"未出土时先有节，便凌云去也无心"。竹子在我们的生活中被赋予一种气节，这是它最高的文化形象。竹子具有"宁折不弯"的豪气和"中通外直"的度量，它性质朴实淳厚，品清奇而典雅，形文静而怡然，是中国人对气节和品行最好的诠释。我校围绕"悟竹立品，成竹正行"的校训，开展"吟竹诗，悟竹德"

主题活动，倡导师生体悟竹的文化内涵，引导学生在实践中体验学校的育人目标，在竹文化的熏陶和浸润下铸就良好的品格。

二、适合年级

五年级

三、活动目标

1. 通过吟竹诗，悟竹德，学生在竹文化的熏陶下，感受理解竹蕴含的情感、思想、品性，学习表现竹精神的方法。

2. 通过吟竹、学竹、爱竹，学生能潜移默化受到竹子精神的影响，自觉地学习竹子的品格。

3. 提高审美情趣，提高自身人文修养，促进身心和谐发展。

四、活动过程

（一）学习有关竹子的诗词，感悟竹子带给我们的启示

1. 老师通过投影向学生展示几首和竹子有关的古诗，并让学生以小组为单位，讨论每一首诗表达了什么样的含义。

（1）

断竹，续竹，飞土，逐宍。

——《吴越春秋·弹歌》

（2）

竹里馆

（唐）王维

独坐幽篁里，弹琴复长啸。

深林人不知，明月来相照。

（3）

竹 石

（清）郑燮

咬定青山不放松，

立根原在破岩中。

千磨万击还坚劲，

任尔东西南北风。

（4）

於潜僧绿筠轩

（宋）苏东坡

宁可食无肉，不可居无竹。

无肉令人瘦，无竹令人俗。

人瘦尚可肥，士俗不可医。

旁人笑此言，似高还似痴。

若对此君仍大嚼，世间那有扬州鹤？

2. 老师小结：

（1）第一首是一首远古民歌，用简简单单的四个词，完整地提供了一份砍竹子、制弹弓、发弹丸、逐鸟兽的"弹弓制作及使用全攻略"。春秋末年，越过的国君勾践向楚国的射箭能手陈音询问弓弹的道理，陈音在回答时引用了这首歌谣。

（2）《竹里馆》表现了作者与世无争的情怀，读来使人心清气静。诗人独自坐在幽静的竹林深处，一边弹琴一遍长啸，意兴清幽、心灵澄净的状态与竹林、明月本身所具有的清幽澄净的属性相得益彰。作者利用清雅脱俗、虚怀若谷的意境，表达了自己淡泊名利的隐逸情怀。

（3）《竹石》表现了竹子顽强而又执着的品质，是一首咏物诗。竹子抓住青山一点也不放松，它的根牢牢地扎在岩石缝中。经历成千上万次的折磨和打击，不管是酷暑的东南风，还是严冬的西北风，它都经受得住，仍然坚韧挺拔，顽强地生存着。诗人用竹子来隐喻自己面对种种艰难困苦，宁折不弯，决不向任何恶势力屈服的品格。

（4）《於潜僧绿筠轩》中"宁可食无肉，不可居无竹"写出了苏轼对竹子的偏爱，可以不吃肉，却不能没有竹子相伴。不吃肉会变瘦，没有竹子会让人变成俗人。人瘦了还可以增肥，一旦变成俗人就不好挽回了。自古以来文人就对竹子情有独钟，以竹的高风亮节激励自身，通过竹子表达态度和立场。

（二）活动体验：体味"竹"德

1. 猜一猜。

（1）教师给出一系列谜语，让学生猜一猜，了解和竹子有关的歇后语。

竹篮打水—— 一场空

竹筛子兜水—— 漏洞百出

二月的竹笋—— 节节高

竹筒做枕—— 两头空

长竹竿戳进水道眼—— 通到底

竹筒子倒豆—— 全抖搂出来

竹子冒笋—— 一代胜似一代

（2）教师小结：

竹文化是中国劳动人民在长期生产实践和文化活动中把竹子形态特征总结成一种做人的精神风貌，如虚心、气节等，其已成为中华民族品格、禀赋和精神的象征。看到竹子，人们自然会想到它不畏逆境、不惧艰辛、中通外直、宁折不屈的品格。

2. 说一说。

请同学们说一说你们知道的名人与竹子的故事吧，大家比较熟悉的有郑板桥、苏东坡、白居易等。

3. 画一画。

古代的文人喜欢写和竹子有关的古诗，更喜欢画竹子，就像成语"胸有成竹"形容的那样，多观察，直到对竹子的形态有细致入微的了解和认识，画竹子就不用草图，因为竹子早已刻在心中了。教师布置观察作业，让学生在不同的天气去观察校园内的竹子形态，然后画一幅以竹子为主题的作品。

4. 吟诵。

以小组为单位，互相吟诵、背诵上面的几首竹诗。学生在课后自行收集若干首竹诗，进行吟诵。

5. 写一写。

读了那么多和竹子有关的古诗，了解了竹子的内涵和品性，再试着写一首以"竹子"为主题的小诗，学习诗歌写作的相关知识。

（三）情感升华，总结竹子十德

　　教师总结竹子的十德：竹身形挺直，宁折不弯，曰正直；竹虽有竹节，却不止步，曰奋进；竹外直中通，襟怀若谷，曰虚怀；竹有花深埋，素面朝天，曰质朴；竹一生一花，死亦无悔，曰奉献；竹玉竿临风，顶天立地，曰卓尔；竹虽高洁，却不孤僻，曰善群；竹质地犹石，方可成器，曰性坚；竹化作符节，苏武秉持，曰操守；竹载文传世，任劳任怨，曰担当。这"十德"几乎把人的所有良好秉性都赋予了竹。看似普通的竹子，却蕴藏着中国的传统文化和人文精神。

（执教者：李雯）

案例思考

　　　　该主题活动的多样化学习方式可以满足不同学生的学习偏好和个性。通过读一读、猜一猜、说一说、画一画、写一写等多种学习方式，学生可以根据自己的兴趣和能力选择参与其中，从而更好地体验和理解竹文化的内涵。有些学生可能更擅长绘画，通过画笔表达他们对竹的理解；有些学生可能更擅长写作，通过写作来记录自己的思考和感受。这样的多样化学习方式确保了每个学生都能够找到适合自己的学习方式，并在其中展现个性和发挥才能。

　　　　其次，活动注重学生的参与和主动性，鼓励他们自主地提出问题、思考和表达。通过小组讨论、问题解答、思考写作等环节，学生可以积极参与到学习过程中，并与他人进行思想碰撞和交流。这种活动形式有助于培养学生的合作意识、批判思维和自我表达能力，促进他们在个性化学习中展现出自己的独特见解和特点。

　　　　最后，在这个活动中，学生不仅仅是被动地接受知识，更加强调他们的情感体验和品格培养。通过与竹文化的接触和理解，学生能够反思自身的品德修养，并培养积极向上的价值观和行为准则。这样的品格培养是个性化学习的重要目标之一，而"亲竹"工研坊课程正是将个性化学习与品格培养结合起来，培养学生的情感与关怀之心，在学习中塑造他们的品格。

第六章

"绿竹"成长，追"竹"梦想

"竹小"秉承着"成竹"文化的精髓，致力于打造一支固本厚德、具有生本意识、儒雅智慧的教师团队。借鉴儒家文化智慧，教师们追求高尚的品质和道德修养，以身作则，成为学生的榜样。他们用温和而智慧的言谈举止，教育引导学生树立正确的价值观和人生观。

"亲竹"工研坊创意课程的推行，对教师的专业能力提出了新的挑战。教师们在承担国家基础性课程的同时，还要担负更多拓展性课程及研究性学习的指导工作。教师们不仅要全面掌握专业知识，还要拥有创新的思维和高度的审美情趣，成为学生探索竹艺与创意的引路人。

在"竹小"的"直谅多闻"的教风影响下，教师们将成为真正的研究者，热心探索竹文化的内涵与价值，将这份热情注入教学实践中，激发学生对竹文化的热爱之情和欣赏力。

第一节 思想：以"竹"立品

"竹小"的教师文化定位为雅慧导师，其重要特征包括：固本厚德、生本意识、儒雅智慧。作为雅慧导师，教师们以固本厚德为基石，注重培养学生的道德素养和塑造学生的人格。

教师们通过倾听学生的声音，与他们建立起紧密的师生关系。他们积极倾听学生的想法、需求和疑惑，从而更好地了解学生的个性特点和成长需求。尊重学生的意见，教师们鼓励学生积极探索和发展自己的独特才能。正如竹子一样，每根竹子都有自己独特的形态和生长方式，教师们也相信每个学生都有其独特的潜力和发展路径。

一、固本厚德的教育温度

在"竹小"，固本厚德始终是教育的核心理念。教师们以温暖、关爱和激励为基调，努力营造一个充满教育温度的环境。

教师团队以身作则，以谦虚的态度不断自我学习和提升。他们明白作为教育者，自身的成长和发展对于学生的影响至关重要。因此，他们积极参与专业培训、教学研讨和自我反思，不断提高自己的专业知识和教育技能。他们乐于接纳新思想、新方法，不断调整和改进教学方式，以满足学生的多样化需求。

竹文化也深深地根植于教师团队的心中。教师们明白竹文化所强调的博学、谦逊和坚韧的品质对于学生的成长至关重要。他们对竹文化深入研究和理解，将其融入教学中，以激发学生的兴趣和热爱之情。教师们注重培养学生的探究精神和自主学习能力，鼓励他们广泛阅读、思考和探索，培养学生的博学品质。

教师团队时刻保持谦逊的态度，以此激励学生。他们愿意倾听学生的声音，尊重他们的观点和想法。他们鼓励学生勇敢表达自己的意见，并提供合适的反馈和引导，帮助学生发展自信心和自主思维。教师们通过自身的言行举止，成为学生的榜样，引领他们树立正确的价值观和品德观。

在教学中，教师们融入竹文化的智慧，以此激发学生的潜能。竹子象征着坚柔并存的品质，教师们运用竹的品质培养学生坚持不懈、追求卓越的精神。他们教导学生如何在面对困难时保持坚韧的心志，如何在追求目标的过程中保持柔韧的态度。通过竹文化的融入，教师们引导学生树立积极向上的价值观，培养学生的自信心和逆境应对能力。

同时，教师们鼓励学生在生活中亲近大自然，感受竹的韵味。他们组织课外活动，带领学生近距离接触竹子，品味竹子的清雅和高洁。通过让学生与竹子亲密接触，教师们希望激发学生对自然的敬畏之情，引导他们保护环境、珍惜资源。

在这样一个兼具固本厚德和竹文化的教育环境中，学生们得到了悉心的关注和引导。他们感受到教师的温暖和关爱，被激励去追求卓越。他们学会了尊重他人、关爱他人，并学会如何以谦逊的态度面对挑战和困难。通过教师的引导，他们逐渐发展出坚韧不拔的品质，迎接生活和学习的挑战。

二、生本意识的教育深度

在"竹小"，教育团队重视生本意识，即关注学生的兴趣、特长和个性发展，让学生从生活中汲取智慧、感悟和价值观。教师团队以身作则，以谦虚的态度不断自我学习和提升。他们明白作为教育者，自身的成长和发展对于学生的影响至关重要。因此，他们积极参与专业培训、教学研讨和自我反思，不断提高自己的专业知识储备和教育技能。他们乐于接纳新思想、新方法，不断调整和改进教学方式，以满足学生的多样化需求。

竹文化也深深地根植于教师团队的心中。教师们明白竹文化所强调的博学、谦逊和坚韧的品质对于学生的成长至关重要。他们对竹文化深入研究和理解，将其融入教学中，以激发学生的兴趣和热爱之情。教师们注重培养学生的探究精神和自主学习能力，鼓励他们广泛阅读、思考和探索，培养学生的博学品质。教师们通过讲授竹文化的相关知识和故事，引导学生思考和探索生命的意义。他们告诉学生们竹子象征着坚韧、纯洁和恒心，让学生们从竹子身上汲取智慧和力量，学会克服困难和面对挑战。教师们还将竹子与其他自然元素相比较，培养学生对自然界的敬畏之心和平衡的意识。

通过"成竹文化"的引导，"亲竹"工研坊创意课程的实施，学生能深刻体验和理解生命的美好，培养对自然和生态环境的敬畏之心、热爱之情和保护意识。在"亲竹"工研坊创意课程中，学生们会亲自种植、观察竹子的生长过程，学习竹子的特点、生态功能和文化价值。他们也会亲手制作竹制品，体验竹文化的工艺和创意。通过这样的学习体验，学生们能够更深入地理解竹子作为生命体的特点和意义，培养对自然生态系统的理解和关心之情。

通过定期的个别辅导和学生评价反馈，教师们了解学生的学习习惯、学科倾向和未来规划，从而提供个性化的学习指导。在"亲竹"工研坊创意课程中，学生们会接触到竹艺和竹编等创意手工制作。通过实际动手制作的过程，教师们能够观察到学生们的创造力、艺术特长以及对手工制作的喜好程度。教师们会根据学生们的兴趣和潜力，进行针对性的指导和培养，帮助他们在创意领域中发展个人特长。

同时，教师们还会鼓励学生们在创作中体现个人的课题选择和想法。他们会倾听学生们的创意思路，尊重他们的独立性和自主性。通过这种方式，教师们能够更好地了解学生们对不同学科的兴趣和偏好，为他们提供更具针对性的学习指导和发展方向。

除了创意课程本身，教师们在评价反馈上也扮演着重要角色。他们通过定期的评价和反馈，了解学生在课程中的表现和进步。这些评价反馈不仅包括学习成绩，还注重学生的学习态度、沟通能力和团队合作等方面的评估。通过这些反馈，教师们能够更全面地了解学生的个性特点、学习习惯以及发展潜力，从而提供有针对性的学习指导和支持。这种个性化的教学方式不仅能够满足学生的学习兴趣和个人需求，还能够促进他们在学习中的成长和发展。学生们在这样的教育环境中能够得到更全面的支持和引导，实现个人潜能的最大发展。

此外，教师们深知参加多样化的课外活动和竞赛对学生全面成长的重要性，因此在"亲竹"工研坊创意课程中积极鼓励学生们参与各种活动，并为他们提供展示和发展的平台。无论是美术竞赛、手工制作大赛还是科技创新类比赛，学生们都能找到他们感兴趣的领域并展现自己的才华和能力。

参加多样化的课外活动和竞赛不仅能够让学生们发挥自己的特长，展示个人的学习成果，还能够培养学生的创新思维、合作精神和竞争意识。通过与其他学生的交流和竞争，学生们能够拓宽视野，激发潜力，提升自己的专业水平和综合素质。教师们会提供指导和支持，帮助学生们准备竞赛所需的知识和技能，并在比赛结束后进行反思和总结，以便进一步提升学生的竞赛能力。

三、儒雅智慧的教育广度

1. 以儒雅智慧为标杆，注重培养学生的品格和道德修养

在"亲竹"工研坊创意课程中，教师们不仅在课堂上教授相关的知识和技能，更重要的是身体力行，成为学生的榜样，通过日常言行举止传递正面的价值观。

教师们时刻注重自己的言谈举止，注意用语文明、礼貌，关心学生的成长和发展。他们激励学生积极参与课程活动，并给予充分的鼓励和支持。

在学生面临挑战和困难时，教师们不仅提供指导和帮助，更是以自己的行动告诉学生们要坚持努力，积极面对困难。

教师们在课堂上注重引导学生培养正确的道德观念和价值观。他们通过课程内容和案例分享，启发学生思考道德伦理的问题，引导他们分辨是非、善恶，并教导学生们正确的道德判断和行为准则。同时，教师们着重培养学生的公平、公正和尊重他人的价值观，让学生们懂得待人以诚、尊重他人的差异，形成良好的人际关系和社会道德。

此外，教师们在"亲竹"工研坊创意课程中也注重培养学生的创新思维和团队合作精神，并通过自身的示范引导学生形成积极向上的学习态度。他们鼓励学生提出独特的想法，突破传统的思维模式，勇于创新。教师们也会组织学生们团队合作，共同完成竹编或竹艺作品，让学生们深刻体验到团结协作和合作共赢的重要性。

因教师们以儒雅智慧为标杆，注重培养学生的品格和道德修养，"亲竹"工研坊创意课程在"竹小"中为学生们树立了正确的道德观念和价值取向。教师们通过自身的言行和榜样力量，向学生们传递积极向上的价值观，引领他们在学习与生活中做出正确的选择。

2. 以儒雅智慧为标杆，注重培养学生的智慧和审美情趣

教师们深知艺术、文学和音乐等元素对于学生全面发展的重要性，因此在教学中融入这些元素，激发学生对美的欣赏和创造力的发展。

在"亲竹"工研坊创意课程中，教师们通过教学设计和课程安排，引导学生探索竹艺术的魅力。他们运用视听教具和多媒体手段，让学生在欣赏竹艺品、竹编作品等的同时，了解其中的技巧和文化内涵。通过艺术的介入，教师们激发学生对美的欣赏和理解，培养他们的审美情趣。

教师们注重开展艺术创作活动，鼓励学生运用所学的竹编和竹艺技巧，发挥自己的想象力和创造力。他们提供启发式的指导和鼓励，让学生们在创作中展示自己的才华和独特性。教师们鼓励学生尝试不同的艺术表达形

式，可以是竹编作品、绘画、雕塑或其他创作形式。通过创作过程，学生们不仅锻炼了自己的艺术表达能力，也培养了创新思维和解决问题的能力。

教师们还注重培养学生的文学素养。他们引导学生阅读与竹艺相关的文学作品，如诗歌、散文、小说等，让学生通过文学作品感受语言的美和情感的表达。教师们组织学生进行文学创作，可以是与竹子相关的诗歌创作、故事编写等。通过文学创作，学生们提升了自己的语言表达能力，培养了审美情趣和人文素养。

音乐也是"亲竹"工研坊创意课程中不可或缺的一部分。教师们引入了竹笛、葫芦丝等与竹子相关的乐器，让学生通过音乐的演奏感受美的情感和节奏。学生们学习演奏乐器，在音符和旋律中体验美的表达。

这种综合的艺术教育方式不仅拓宽了学生的知识面，也培养了他们独立思考能力、创新思维和对美的鉴赏能力。同时，通过艺术创作和欣赏，学生们也体验到了艺术带来的情感沟通和心灵满足。这样的教育方式为学生全面发展提供了更广阔的视野和更丰富的内涵。

3. 借鉴儒家文化智慧，注重培育学生具有儒雅气质的共生之道

教师们在课程中不仅以儒雅智慧为标杆，还借鉴儒家文化智慧，将其融入教学，以引导学生正确认识自己的身份和角色，培养他们的社会责任感和公民意识。

在"亲竹"工研坊创意课程中，教师们通过儒家文化的教育理念和价值观，引导学生了解和尊重自己的身份和角色。他们帮助学生认识到每个人都有自己的独特才华和特长，鼓励学生树立自信心，勇敢地展示自己的优点和贡献。教师们教导学生在发展自己的同时，也要关注他人的成长和需要，培养学生的社会责任感和关爱他人的意识。

教师们注重培养学生良好的人际关系和群体合作能力。他们通过课程中的合作活动，让学生们共同参与竹编艺术的创作，从中感受到团队合作的重要性。教师们指导学生如何倾听他人的意见和建议，如何有效地与他

人合作，培养学生的沟通与合作能力。这样的活动不仅培养了学生的团队意识和协作精神，也使他们更加懂得欣赏他人的差异，形成和谐共处的观念。

教师们通过"亲竹"工研坊创意课程培育学生具有儒雅气质的共生之道。他们教导学生要尊重他人和自然，提倡和谐共生的价值观。教师们引导学生通过对竹子和艺术的欣赏和创作，感受自然与人类的和谐关系。他们鼓励学生保护环境、珍惜资源，培养学生的环保意识和可持续发展的观念。教师们还通过儒家文化的教育理念，教导学生要在人际关系中展现友爱、宽容和互助精神，营造和谐、温暖的学习环境。

第二节　学习："绿竹"成长

"竹小"的教风是"直谅多闻"，"直谅多闻"出自《论语》"友直，友谅，友多闻"一语。"直"指正直，是竹子重要的人格特性，学校以此作为教师首要的品格素养。"谅"指信实、忠诚。忠信是人与人交往的基础，是个体生命向外延伸的根本。我们将其视为教师与同事、学生相处的法则。"多闻"则指博学多识。教师作为智慧的传递者，必然需要具备足够广博的学识、科学的方法。由此，正直、诚实、多闻好学构成了"竹小"教师的团队风气。勤于学习、充实自我是成长为雅慧导师的基础。

首先，教师们注重培养正直的品质。他们以竹子的人格特性为榜样，追求正直和坦率的处事态度。在与同事和学生的交往中，教师们始终保持真实和坦诚的态度。这种正直的品质不仅建立了教师与学生之间的互信关系，也为学校的和谐发展提供了坚实的基础。

其次，教师们注重谅解和忠诚。谅解是信实和忠诚的体现，是人与人之间交往的基石。教师们以谅解为原则，与学校、同事和学生保持良好的关系。他们积极与学生沟通，真诚聆听学生的声音，对学生的需求保持信实和忠诚。同时，教师们也相互理解和谅解，在教学与工作中相互支持和合作，共同促进教育事业的发展。

最后，教师们注重多闻好学。作为智慧的传递者，教师必须具备丰富的学识和科学的方法。教师们不断拓展自己的知识领域，随时了解最新的教育理念和研究成果。他们通过参与专业发展活动，不断学习新的教学技术和创意思维方法，不断提升自己的教学水平和综合素质。这种勤学好问的态度使教师们能够更好地传递智慧，为学生提供全面而优质的教育。

在"亲竹"工研坊创意课程中，教师们以勤于学习的姿态投入创意课程中，不断拓展自己的教育理念和教学技能。他们积极参与各种培训和专业发展活动，深入研究教育领域的前沿问题，并实践和验证各种创新的教学方法。通过不断学习和反思，教师们不仅打破传统的教学方式，还积极创造出适应学生需求和培养创意思维的教学内容和方式。

一、学习技术与工具

在"亲竹"工研坊创意课程中，教师们认识到学习新的教学技术和工具是不可或缺的。因此，雅慧教师团队通过积极参加培训课程、研讨会和专题讲座的方式，掌握并应用这些技术和工具，不断提升自己的教学水平。

首先，教师们学习创意思维方法。他们了解创意思维作为一种教学策略，能够激发学生的创造力和创新意识。教师们通过参与相关培训课程和研讨会，学习如何引导学生思考、提问和解决问题，如何营造创意环境和氛围，从而设计和实施创意课程。

其次，教师们学习互动教学工具。他们了解互动教学工具可以增强学生的参与度和兴趣，帮助他们更好地理解和应用知识。教师们通过参加专题讲座和学习小组，掌握各种互动教学工具的使用方法和教学应用。例如，他们学习如何运用多媒体、在线教学平台、虚拟实验室等工具，提供生动和互动的学习体验。

同时，教师们也关注教育科技的发展和应用。他们参加专业发展培训，了解最新的教育科技趋势和工具，如人工智能、虚拟现实等。教师们将教育科技与创意课程相结合，利用先进的技术手段提供更丰富和个性化的教学体验，激发学生的学习兴趣和动力。

通过学习新的教学技术和工具，雅慧教师团队不断拓展自己的教学能力和方法。他们将所学应用到创意课程中，为学生提供更具创意和启发性的教学体验。这种不断学习和探索的态度，使得教师们在教学中能够更加灵活和有创意地应对各种挑战和需求，为学生的个性化学习和全面发展提供支持和指导。

二、实践与反思

在"亲竹"工研坊创意课程中，教师们被激励着不断实践和尝试新的教学方法和策略。教师团队始终将自己的教学实践作为宝贵的财富，不断反思并总结经验，深入思考存在的问题，并积极寻找解决方案。他们深知只有通过实践和反思，才能真正改进教学方法，提高学生的学习效果。

在课堂实践中，教师团队勇于尝试不同的教学方法和策略，比如运用多媒体技术，设计有趣的教学活动，引导学生自主探究等。通过这些新的尝试，他们可以发现一些以往未曾意识到的问题，比如学生的学习兴趣不高，知识吸收不够深入，等等。

然后，他们进行深入的反思和讨论，思考这些问题的原因和可能的解决方法。他们会回顾自己的教学过程，寻找教学环节中存在的不足和瓶颈，并积极探索新的教学策略和方法。他们也会与同事们分享彼此的教学经验，相互启发和借鉴，从而更好地改进自己的教学实践。

通过实践和反思，教师团队能够不断提升自己的教学和专业发展水平。他们将实践和反思作为一种积极主动的态度，不断追求教学改进的机会，并勇于面对挑战和困难。这种不断实践与反思的循环过程，使得他们的教学方法更加贴近学生需求，更加有效地提升学生的学习效果。

三、合作与分享

在"亲竹"工研坊创意课程中，合作与分享是教师团队的重要价值观和教学方法之一。他们深知通过与他人的合作和分享，可以获得更多的教学资源和创意灵感，同时也能够共同思考和解决教学中的问题和挑战。

教师团队注重互相交流心得体会、教学经验和创意教学的实践案例。学校定期组织教学研讨会和工作坊，为教师们提供一个共享和展示自己教学成果的平台。在这些活动中，教师们可以分享自己的教学心得，介绍自己成功的教学案例，从而获得其他教师的反馈和建议。他们也会相互借鉴和学习，从其他教师的经验中汲取灵感，丰富自己的教学方法和策略。

此外，在"亲竹"工研坊创意课程中，教师团队还鼓励学生之间的合作和分享。他们设计了一系列合作项目和小组活动，让学生们能够互相合作，分享自己的创意和经验。学生们可以互相学习和借鉴，共同解决问题并创造出更具创意的作品。这种合作与分享的氛围不仅促进了学生之间的互动和交流，也培养了他们的团队合作和协作能力。

通过合作与分享，教师团队和学生们都能够在"亲竹"工研坊创意课程中获益良多。教师们能够从彼此的经验中学习，获取各种教学资源和创意灵感，进而提升自己的教学能力。学生们则能够通过合作和分享，拓宽自己的视野，培养创造力和团队合作能力。

四、专业发展与提升

学校为教师团队提供了丰富多样的专业发展机会，以帮助他们不断提升教学能力和专业水平。其中包括教育研讨会、学术研究会和教学竞赛等活动，这些活动提供了与其他教育者进行学术交流和经验分享的平台。

通过这些专业发展的机会，教师们能够了解最新的教育理念、教学方法和研究成果。他们能够与其他教育界的专家和同行展开深入的讨论和交流，分享自己的教学经验和创新实践。这种跨学校、跨区域的交流和学术对话，不仅为教师们拓宽了视野，也激发了他们对教育改革和创新的热情。

此外，学校还积极推动校本研修，通过开展课前、课中、课后全过程的教研活动，关注教师在专业发展上的独特表现。这些教研活动旨在促进教师之间的合作和分享，鼓励他们思考和解决教学中的问题，并提供具体的教育资源和指导支持。教师们在教研活动中可以借鉴他人的经验，同时也能够反思和改进自己的教学方法和策略。

这些专业发展与提升的机会为教师团队带来了诸多益处。他们不仅能够不断更新自己的教学知识和技能，还能够提高自己的教学效果和影响力。通过将所学所思运用到"亲竹"工研坊创意课程中，他们能够更好地引领学生，激发学生的学习兴趣和创造力，推动课程的发展和创新。

第三节　研究：追"竹"梦想

　　"亲竹"工研坊创意课程对学校教师的专业能力提出了新的挑战。除了国家基础性课程的教学任务，教师们还需要承担更多拓展性课程和研究性学习的指导工作。

　　在传统的教学模式下，教师主要负责传授基础学科的知识和技能。而在"亲竹"工研坊创意课程中，教师们需要掌握竹编艺术的专业知识和技巧，熟悉相关的艺术理论和创作方法。他们需要了解竹子的特性和应用，学习竹编的基本技巧和工艺流程。教师们还需要研究和探索竹编艺术与其他学科的融合，将创意和创新引入课堂教学。

　　此外，教师们在"亲竹"工研坊创意课程中的角色也发生了变化。他们不仅是知识的传播者和指导者，更需要成为学生的学习伙伴和引导者。教师们需要关注学生的兴趣和特点，因材施教，引导学生在竹编艺术的探索中发现自己的潜能和兴趣。他们需要提供启发性的指导，鼓励学生从实践中学习和创新，培养学生的创造力和解决问题的能力。

　　在"亲竹"工研坊创意课程中，教师们还需要提供更多的拓展性课程和研究性学习的指导。他们需要研究各种相关的艺术、文化和科技，将这些知识与竹编艺术相结合，开展更有深度和广度的教学活动。教师们需要不断学习和更新自己的知识，拓宽自己的教学视野，提升自己的专业水平。同时，他们还需要鼓励学生进行研究性学习，引导学生深入探索竹编艺术的前沿领域，培养学生的独立思考和研究能力。

一、教师要成为研究者

在"亲竹"工研坊创意课程中，教师不仅是教学者，还要成为研究者。他们需要向篾匠、木工、电工等其他领域的专家学习，拓宽自己的知识面。教师们要全面了解竹编艺术外的其他领域，比如传统工艺技术、现代科技应用等，使自己具备广泛的专业知识。

除了知识的广度，教师们还需要具备创新的思维方式。他们应该积极思考如何将竹编艺术与其他学科融合，如何将现代科技元素融入创作，以提供更有创意和独特性的教学内容。教师们需要关注时代潮流和社会需求，积极开展创新实践，不断推陈出新。

为了提升教师的创意实践能力，学校坚持每年开展教师创意制作大赛。这一活动为教师们提供了一个展示自己创意和创作能力的平台。教师们可以通过大赛展示自己的创意作品，并与其他教师进行交流和分享。同时，大赛也可以激发教师们的创作热情，促使他们不断提升自己的创意实践水平。

通过参与大赛和展示创意作品，教师们得到了更多的实践机会和经验积累。他们可以从其他教师的作品中汲取灵感和经验，并在创作过程中不断探索和完善自己的技艺。这种创意实践的过程不仅可以提高教师的创意能力，也可以激发学生的学习兴趣和创造力。

二、教师要成为引导者

在"亲竹"工研坊创意课程中，传授知识的教师还要充当学生探索和发现的引导者。

作为引导者，教师要了解每个学生的个性和特点，帮助他们发掘自己的潜能和兴趣。他们应该积极倾听学生的想法和意见，关注他们的学习需求和兴趣爱好。教师们可以通过个别指导、小组合作等方式，为学生提供多样化的学习途径，促进他们的个性化发展。

在课程中，教师们扮演着学生创意实践活动的指导者的角色。他们通过提供启发性问题和指导性方法，引导学生进行创意思考和艺术实践。教师们鼓励学生自主探索，激发他们的创造力和想象力。他们给予学生足够的自由和支持，让他们在尝试和失败中成长，培养学生的自信心和批判性思维。

此外，教师们还要关注学生的情感和人际关系发展。他们鼓励学生在合作中学会沟通、分享和尊重他人的观点。教师们引导学生处理冲突和解决问题，培养学生的合作精神和团队意识。通过与同学的交流合作，学生们能够互相倾听、支持和包容，形成良好的人际关系，增强集体凝聚力。

在课堂上，教师要以身作则，展现儒雅气质的共生之道。他们注重自身修养的提高和审美情趣的培养，成为学生的良师益友。教师们通过言传身教，让学生感受到儒家文化的智慧和价值观。他们引导学生注重和谐共处、关爱他人，树立正确的价值观和人生态度。教师们通过儒家文化的学习和实践，培养学生具有良好的道德品质和社会责任感。

三、教师要成为合作者

在"亲竹"工研坊创意课程中，教师还要成为学生的合作者。作为合作者，教师们与学生们共同探索竹创意实践的世界。他们鼓励学生们从自己的经验和观察中获得灵感，鼓励他们向前冲破传统的束缚，尝试创新的方式和表达。教师们与学生们共同研究竹编艺术的技巧和流程，共同解决实践中的问题和挑战。他们分享彼此的创意和心得，相互学习和启发。教师们与学生们建立起一种平等、开放和互动的合作关系，共同扩展彼此的思维和创造力。

在课程中，教师们也鼓励学生们互相合作。他们组织学生们参与小组项目，共同合作完成创作任务。在小组合作中，学生们互相支持和鼓励，在合作中学会倾听和包容，培养团队合作和协作能力。教师们充当着小组合作的引导者和调解者的角色，帮助学生们协调合作关系，解决合作中的问题和冲突。

此外，教师们还鼓励学生们与外部艺术家、设计师等合作。他们组织学生与专业人士开展合作项目，共同创作和呈现作品。通过与专业人士的合作，学生们可以了解行业的前沿动态和发展趋势，拓宽自己的视野和思维。教师们在合作过程中充当着学生和专业人士之间的桥梁，为学生提供指导和支持，并促进他们的合作与学习。

在"亲竹"工研坊创意课程中教师们的合作角色非常重要。他们通过组织学生和专业人士的合作，为学生提供了更广阔的学习平台。教师们成为学生的合作者，在合作中共同探索和实现创意。这种合作不仅激发了学生的创造力和想象力，也培养了学生的合作精神和人际交往能力。

通过合作，学生们可以彼此启发和学习，互相补充和提高。教师们在合作中充当着引导者和协调者的角色，帮助学生们更好地理解合作的重要性和价值。教师们通过培养良好的合作习惯和品质，为学生们的终身学习和社会参与打下坚实的基础。

除此以外，为了支持教师的专业化发展，以更好地推进"亲竹"工研坊创意课程的开展与实施，学校还积极组织开展"雅慧导师"特色发展活动。旨在为教师们提供一个全面、多元和专业的发展平台，使他们能够不断提升自身的专业能力和教育理念，为学生创造更丰富多样的学习体验。

（一）成立"悟竹学会"

"悟竹学会"旨在为教师们提供一个发展和合作探究的平台，推动他们在竹创意实践领域持续成长。"悟竹学会"定期开展活动，每次活动设立一个具体的主题。这个主题可能是某个艺术形式、技术应用、创意教学方法或者竹创意的相关领域。活动采用研讨会的形式，教师们可以分享自己的研究成果、教学经验和创意作品，进行互动和交流。通过研讨，教师们能够深入探讨特定主题，拓宽思维视野，汲取各种新的创意灵感。

除了研讨活动，"悟竹学会"还鼓励教师之间的合作探究。教师们可以自愿组成小组，共同开展研究项目或者完成创作任务。小组成员可以共享资源、交流心得、相互促进。他们可以共同钻研某个特定领域的竹编艺术或者开展跨学科的创意实践。通过合作探究，教师们能够在集体智慧和合作中不断提升自己的创作水平和教学质量。

学校定期开展"亲竹"工研坊创意课程校本培训活动，将项目式学习（PBL）及 STEAM 课程设计实施、物联网技术运用等作为重要内容，引导教师更新教育理念。学校教导处加强课程规划与管理，先后组织教师到上海、浙江、广州等地培训考察。学校将加强科学、综合实践、信息等学科教学工作，加大人员编制的安排，现有教师逐步实现专职化。

通过"悟竹学会"，教师们能够不断追求知识的深度和研究的广度。他们能够在学会的平台上交流合作，激发创意灵感，提高专业能力。学会的活动使教师们形成一个积极向上的学习和合作氛围，促使教师们持续发展和创新，为学生们提供更丰富、有趣和富有创意的教学体验。

（二）开展"育竹"格言征集活动

为了进一步激发教师们的创造力和激情，学校开展了"育竹"格言征集活动，邀请教师们积极参与，分享他们对"育竹"事业的理解和心声。

在征集活动中，教师们可以用简洁而有力的语言表达关于"育竹"的格言，表达他们对教育的热爱和执着追求。这些格言可以激励教师们在教育教学中持之以恒、充满激情，体现他们对学生成长和发展的关心和付出。

为了让这些格言更具艺术感和内涵，学校还特别邀请了知名书法家为教师们书写这些凝练的格言。书法家们将用精湛的笔触和艺术的表现形式，将这些格言书写在高贵典雅的纸张上。每一幅格言都会被细心地装裱，并特别挂在教师办公区的墙面上。

这样一来，每位教师都能够身临其境地感受到自己参与"育竹"事业的重要性和幸福感。这些精心挂在墙面上的格言将不仅成为教师们每天进进出出时的提醒和激励，也会成为教师办公区氛围的一部分，营造出积极向上、温馨和谐的工作氛围。

通过这项活动，教师们可以共同分享和感受到对"育竹"事业的认同和价值感。他们的工作将不再只是一份职责，更是一项幸福的事业。每次教师们走进办公区时，都能够被那些优美的格言所感染，激起内心的动力和热情，更加投入教育教学中，以更高的标准和自我要求，推动学生的成长和发展。

（三）编订《成竹》校刊

《成竹》将汇集优秀课例、教育心得等内容，以及特设封面人物介绍，旨在表彰那些在师德、教育教学工作等方面有突出表现的教师。

在《成竹》校刊中，教师们有机会分享他们在教学过程中的成功经验和创新实践。教师们可以撰写优秀课例，分享自己设计的教学方案、教学方法和教学资源，介绍学生的学习成果和反馈。这些优秀课例将为其他教师提供借鉴和启发，促进教学水平的提高。

此外，教师们还可以在《成竹》校刊中分享他们的教育心得和反思。他们可以写下自己在教育教学中的感悟、体会和思考，共享教育教学中的成长和进步。这样的分享能够激发教师们的反思和创新意识，促进他们在教育教学工作中不断提升。

同时，学校还特别设立了封面人物介绍的栏目，集中表彰那些在师德、教育教学工作等方面有突出表现的教师。学校将选择具有代表性且有着卓越贡献的教师作为封面人物，介绍他们的教育理念、教学特色以及取得的成绩和荣誉。通过这种方式，学校希望激励其他教师以封面人物为榜样，不断追求卓越，为学生提供更好的教育教学服务。

通过编订《成竹》校刊，学校旨在展示教师们的教育成果和突出表现，促进教师之间的经验交流和互相学习。这本校刊将成为教师们展示自己的平台，为他们分享和交流提供了广阔的舞台。同时，校刊通过表彰封面人物，鼓励教师们追求卓越，推动整个学校教学质量的提高和师德建设。

（四）建立雅慧导师评选体系

为了进一步支持教师的发展和提升，学校决定建立"雅慧导师评选体系"。这一体系旨在识别和表彰在教育教学领域具备卓越能力和专业素养的导师，为教师们提供一个发展的目标和参考。

雅慧导师评选体系将侧重评估导师在教学指导、教育管理和教研合作等方面的综合能力。评选标准将包括教学能力、学生评价、教育创新、教学研究等多个维度。学校将通过评估导师的教学质量、学生学习成果、教学反馈和教育教学活动等方面的表现，确定最佳导师的评选结果。

与此同时，学校还设立了"茂林"教研组奖，以鼓励团队合作和教研发展。这一奖项将专门评估教研组在教学研究、课程设计和教学团队建设方面的成果和贡献。对教研组的表现将在教学效果、研究成果、团队合作等方面进行评估，最终评选出几个在教研方面有突出贡献的团队，授予他们"茂林"教研组奖。

这样的评选体系和奖项将为导师们提供一个发展的动力和目标，激励他们在教育教学工作中不断提升自己的能力和水平。通过评选最佳导师和优秀教研组，学校将树立榜样，鼓励其他教师积极参与教学研究和团队合作，共同提高教育教学的质量和效果。

第七章

"亲竹"工研坊四大领域教学案例

"亲竹"工研坊创意课程在推进实施的过程中精益求精，如艺术家在绘画时精心润色，不断探寻创新之路。"竹小"的教学团队审视了原有的60个项目内容，经过删减、重组和新增，终于构筑起"美创""研创""工创"及"E创"四大学习领域。在这人文之境、科学之殿、艺术之坊、技术之路四大学习领域里，学生们将追随心灵的脚步，参与工程设计与制作的创意实践。这些学习领域的总体目标明确，引领学子跨越时空，感悟智慧之光。

在这个充满创意和探索的课程环境里，学生们将循着知识的涓流，在一次次实践中不断汲取智慧的养分，如同蜕变成蝶的过程，他们将张开绚丽多彩的成长之翼。在"亲竹"工研坊创意课程的悉心指导下，每一个学子都将成为独具慧眼和创造力的未来领袖，在探索、实践和创新的过程中，他们将破茧成蝶，展翅高飞，在未来的道路上勇往直前，开启属于自己的奇迹之旅。

第一节　乐享"美创"

　　"美创"着眼于竹材工艺美术创意实践，在引导学生开展艺术创作的同时，也融入了对竹材材质特性的深入理解和实际运用。通过美创课程，学生们将通过竹材的工艺制作过程，感受到传统工艺与现代创意的完美融合，从而更加深刻地领悟到这一材料的独特之处。在实践中，他们将学会细致入微地处理竹子的纹理、色泽和形状，挖掘出其潜在的美感和艺术表现力。同时，这样的实践也将激发学生们对艺术创作的热情和兴趣，培养其审美情趣和专注力，引导他们在美的创作中找到快乐与满足。通过"美创"课程的引领和指导，学生们将逐渐领悟到竹材工艺美术创意实践所蕴含的丰富内涵，从而在创作中发挥出个人的想象力和创造力，开拓艺术的无限可能性。

　　"美创"课程以学生所喜爱的饰物为创作对象，借助竹子等材料的特性，巧妙地进行编织等传统创新实践，创作出富有民俗风情的艺术作品。在这个过程中，学生们将初步掌握工艺制作的基本技能，从而提升自身的创新能力。同时，他们还将培养艺术审美情趣和劳动意识，逐渐领悟到美创不仅仅是一种技能，更是一种生活的享受。通过美创实践，学生们将感受到"美妙"的创作过程让生活变得更加丰富多彩，从而愿意主动融入美创的实践之中。在"美创"课堂上，学生们得以放飞自我、尽情发挥想象力，在轻快的氛围中感受美的创作带来的愉悦。

　　在"美创"实践中，主要以竹节（竹筒）、竹鞭、竹枝、竹叶、竹箨等竹材作为创作的主要材料，同时也可以辅以木材、塑料、布艺、金属等多种材质的材料进行搭配与组合。此外，学生们还可以利用生活中常见的绳带、铃铛等物品进行装饰，丰富作品的层次和表现力。通过灵活地运用这些材料，学生们得以在"美创"实践中发挥自己的想象力和创造力，创作出独具个性和艺术魅力的作品，展现出多样的材质结合方式和创意组合，从而丰富了"美创"实践的内涵和表现形式。

每个创意项目都按照"生活中的物品""美创设计构想""实践完成作品"以及"回归生活使用"等学习过程来完成。在"美创设计构想"阶段，学生将综合运用所学到的科学、数学、美术等多学科知识点，自由想象设计，培养创新能力。他们将通过思维的跳跃和联想，将日常生活中的物品赋予新的美学和实用意义，从而形成独具个性的设计构想。在"实践完成作品"的过程中，高年级学生将需要运用简单的木工、电工、力学等工程技术进行操作，从而让成品更实用更美观。此外，既可以让学生自主完成项目，也可以让学生组成攻关小组合作完成，以此提高学生的团队合作与协作能力。当作品完成后，学生将被引导回到自己的生活和学习中，展示并使用他们的成品，从而将美的创作融入日常的生活场景中，进一步加深对美的感悟和理解。

教学案例 7-1：zhú 梦网

一、课程背景

我国地处竹林占地面积最大的亚太地区，被称为"竹子文明的国度"。古往今来，竹构成了一种反映与体现中华民族内在精神的文化景观。我校"亲竹"特色文化建设也是竹文化的校本化实践与发展，以"为培养有根有节之人奠基"为育人目标。随着新课改的不断深化，教师认识到美术教学应注重课程内容与学生生活经验的紧密联系，关注文化内涵，充分发挥学生的主体性和创造性。"zhú 梦网"是基于竹子"成长定律"设计的一节校本课程，引导我们的小小竹娃在"亲竹"文化的大舞台上，得以表现与发展，引领小小竹娃们"悟竹立品，成竹正行"。

二、教学目标

1. 认识、了解编绳艺术以及简单竹制工艺品的制作方法。

2. 结合编绳艺术，运用剪、编、粘等技法完成丰富有趣的"zhú 梦网"装饰作品。

3. 锻炼学生的动手能力，激发他们的探索和创作欲望，让他们感受竹的内在精神魅力。

三、教学重难点

教学重点：运用剪、编、粘等技法完成丰富有趣的"zhú 梦网"装饰作品。

教学难点：编绳过程中"压线""接线"等技法的灵活运用，通过趣味装饰赋予作品更多的精神内涵。

四、教学准备

教师准备：教学 ppt、录制的微课视频、竹圈、剪刀、竹节、麻绳、棉绳、发光二极管。

学生准备：超轻黏土、棉绳、彩色折纸、儿童手工安全剪刀等。

五、教学过程

（一）导入阶段，激发兴趣

师：同学们，之前我们一起创作了《三百六十行》，大家长大后的梦想是什么呢？嘘，我们先把它藏在心里。今天刘老师给大家带来了一个小礼物，看！这是什么？

（设计意图：播放背景钢琴乐曲，教师展示"zhú 梦网"作品，引导师生讨论，同时与上节美术课程内容有效衔接，引导学生思考自己的人生远大目标，追逐自己的梦想，激发学生的学习兴趣。）

师：哦，有同学说是捕梦网。嗯，对，但也不完全对！它叫"zhú 梦网"。咦？你认为"zhú"怎么写呢？

（设计意图：师生思考、交流"zhú"字的写法，一语双关，导入课题。）

师小结：哦！有同学说是竹子的"竹"，也有同学说是追逐的"逐"。同学们，你们知道吗？竹子用 4 年的时间仅仅长高了 3 厘米，但是从第 5 年开始，每天以 30 厘米的速度疯狂生长，6 周的时间就能长高到 15 米，其实在前面的 4 年，竹子的根系在土壤里延伸了数百米，它们不是在成长，而是在扎根。我们的学习也是如此，厚积而薄发，我们用数十年的时间努力学习、追逐自己的梦想，今天刘老师带大家一起完成手工作品"zhú 梦网"，让我们一起"悟竹立品，成竹正行"。

（设计意图：高年级学生因忙忙碌碌的学习可能会觉得生活有些乏味，遇见的困难可能会引起学生的畏难情绪。从竹子的"成长定律"展开，引导学生感悟竹子坚韧不拔、厚积薄发的顽强品质。)

(二)讨论与新授

师：我们每个小组的桌上都有一个"zhú 梦网"成品（见图 7-1），请大家认真观察，说一说它有哪些组成部分（引导学生说出"zhú 梦网"主要组成部分，师生讨论，出示板书）。

图 7-1 "zhú 梦网"作品

1. 竹圈骨架。

2. 绳子：装饰绳、编织网、下摆绳。

3. 装饰物。

师：说到竹圈骨架啊，谁来说一说，你觉得哪一个"zhú 梦网"的骨架样式最特别？特别在哪里？

（设计意图：引导学生说出单圈、多圈以及多圈的不同搭配，教师示范讲解。）

师：那大家瞧瞧它们的装饰绳又有什么不同呢？你们小组选择的是哪种装饰方法呢？

（设计意图：引导学生说出穿线的不同方法以及颜色搭配。）

师：你最喜欢哪种网的编织方法？为什么呢？让我们带着几个问题来学一学几种比较简单的编织方法。

思考：

1. 我们起始处的线应该注意些什么？

2. 编织第一款的过程中，穿线的时候要注意些什么？

3. 如果绳子不够长怎么办？

注意听哦，待会儿刘老师可要考考大家！

（设计意图：教师微课展示"zhú 梦网"的编织方法，引导学生思考问题。）

师：老师想问问大家，这款下摆绳子的分布有什么特点呢？还有什么不一样的方案呢？

师：老师想问一下大家，你们觉得这样好看，还是那样好看呢？（出示对比图，引导学生注意下摆绳分布距离的规律）

师：最后，老师想问问同学们，你想用哪些装饰方法呢？（竹篾花卉、折蝴蝶、竹筒染色、发光二极管……）

（三）合作与分工

师：看来，同学们对"zhú 梦网"的结构和方法已经有所了解了，我们每个小组的桌上都放了一张小组合作单，请同学们用 2 分钟的时间讨论小组分工并填写好任务清单（见表 7-1）。

表 7-1 小组合作单

分工内容	负责人员
竹圈骨架	
搭配装饰绳、下摆绳	
编织装饰网	
点缀装饰物	

现在开始！音乐停止，时间就到了。

（设计意图：以小组合作的形式探索、发现"zhú 梦网"的基本组成。通过小组合作单引导学生完成合作分工的不同任务，思考、总结在制作过程中所遇见的一些问题。）

（四）作业与展评

作业：小组合作完成精美有趣的"zhú 梦网"作品。

要求：小组按照表格明确分工；制作严谨，方法明确（智慧竹娃）；构图饱满，外形美观（健美竹娃）；材料丰富，富有创意（创新竹娃）。

展评：最佳智慧奖、最佳健美奖、最佳创新奖（见图 7-2）。

（设计意图：结合学校的特色评价体系，从"制作严谨，方法明确""构图饱满，外形美观""材料丰富，富有创意"三个维度展开过程性评价，评比出最佳智慧奖、最佳健美奖、最佳创新奖，激发学生的进取心、集体荣誉感。）

图7-2 "笋竹娃"奖励卡

（五）拓展与延伸

师：用彩色纸张写下自己的梦想，塞进竹筒，让我们一起种下梦想的种子，用行动扎根，厚积薄发，等待冲向天际的那一刻！加油！加油！加油！

（设计意图：引导小组呼号，播放竹子破土而出蓬勃生长的视频与《怒放的生命》的背景音乐，在"zhú梦网"中"埋下"梦想的种子，悟竹、成竹，为了自己的梦想努力学习，厚积而薄发，不要担心你此时此刻的付出得不到回报，因为这些付出都是为了扎根。）

（执教者：刘玉凤）

教学思考

　　"zhú梦网"活动的设计充分结合了编绳艺术和竹材工艺美术创意实践，为学生提供了一个丰富多彩的艺术创作平台。在这个活动中，学生将通过剪、编、搭配、装饰等技法，利用竹材和绳子等材料，完成各种富有创意与趣味的"zhú梦网"装饰作品。这种跨越传统和现代、融合艺术创作和手工实践的方式，不仅能够激发学生的创造力和想象力，还能够促使他们深入了解竹材的材质特性和艺术潜力。

　　和传统的美术活动不同，在本活动中，学生们将在剪、编、粘等技法的指导下，从材料、手法到主题表达上都能获得更大的自由度和发挥空间。他们可以通过对竹材的认知和理解，赋予作品更多的内涵和意义，同时也能够运用绳结和编绳技法，创作出独特的、富有个性的"zhú梦网"装饰作品。

通过这样的活动，学生不仅可以在美术创作中得到实际的技巧培养，还能够加深对竹材材质特性的理解和实际运用。同时，他们还将在创作过程中培养审美情趣、艺术修养和想象力，为综合素质和美育素养的培养获取丰富的经验和实践机会。

教学案例7-2：穿穿编编

一、教材分析

本课属于"设计·应用"学习领域，以培养学生设计意识和提高动手能力为目的，教学内容贴近学生的生活实际。通过欣赏"生活中的设计"，学生了解各种不同材料的"穿编作品"，从媒材、造型、色彩上去把握"穿编物品"的美感，学习"穿编"的基本方法，了解"物以致用"的设计思想，逐步发展关注身边事物、善于发现和学习的能力。

二、学情分析

四年级学生对编织的方法有探究的兴趣和能力。本节课通过图片和实物的欣赏，让学生感受编织的美。学生始终保持学习的浓厚兴趣和创造愿望，自主发现、学习不同的穿编方法，并能够从设计的角度对作品进行描述和分析，表达自己的创意。

三、教学目标

1. 通过图片和实物展现传统竹编作品，让学生欣赏、感受编织的美。

2. 运用竹篾学习十字穿编法、人字穿编法等不同的穿编方法，结合镂空图案进行创作表现。

3. 通过本课的教学，向学生渗透立体构成、色彩构成、图案设计等多方面知识，让学生在玩中学、学中玩。

4. 让学生初步了解传统穿编工艺，感受编织艺术的源远流长，进一步启发学生用艺术的眼光观察生活，发现身边的"穿穿编编"。

5. 培养学生的观察力、创造力和动手能力，从而传承民间手工艺。

四、教学重难点

教学重点：学生初步了解穿编的制作要求，学会穿编的基本方法。

教学难点：运用多种方法创作穿编作品，媒材的使用丰富有变化。

五、教学准备

课件、实物投影仪、竹条、镂空图案卡纸、双面胶、剪刀或刻刀。

六、教学设计

（一）激趣导入

师：同学们好，我们"竹小"的孩子常常在"亲竹"工研坊里学习、探究竹子，大家了解竹子吗？下面我们一起来个看图说话环节——通过照片你能看到哪些竹子制品呢？你能说出它的名字吗？

生：竹篱笆，竹窗，竹伞，竹椅，竹篮，竹筐，竹笛，竹斗笠……

师：竹编已有千年的历史，古人早已学会了种竹、用竹。古人将竹编成兜、篮等各式日用品，它们都与人的生活息息相关。千年斗转星移，时代交替，生活也逐渐变化，竹匠艺人们仅靠一把篾刀、一双巧手，让经与纬的竹交织，浅与深的色变幻，成面、成体，将竹编艺术发挥得淋漓尽致。今天我们一起来学习"穿穿编编"。（板书揭题）

（二）学生回忆十字穿编法

师：老师带来了一些染过色的竹篾，同桌一起讨论一下你会用哪种编织方法，一起跟着视频重温十字穿编法。

师：哪两位同学愿意上台来给大家展示一下十字穿编法编织？

合作示范：十字穿编法。

教师小结：

1. 一人负责穿编，一人负责固定提醒；做到合理分工，配合默契。

2. 编织的时候可以进行颜色搭配。

3. 注意竹篾的整齐与排列紧密。

（三）初次尝试人字穿编法

师：竹编是竹篾挑压交织的中国传统手工艺，一般称被挑压的篾为"经"条，而编织的篾为"纬"条，由经与纬的挑压编织出千变万化的图案，从而制作出千姿百态的竹编产品。

师：刚刚同学们回忆了十字穿编法的操作过程，不由得让老师感叹你们真是前"兔"不可限量呀！相信在大家的努力下竹编这项非物质文化遗产可以更好地发扬光大！

师：是不是很好奇老师刚刚的发音，在中国的历史文化上兔子有着机智、多福、吉祥的寓意，你们知道今年出生的宝宝是属什么的吗？

（生回答。）

师：今天我们就一起来利用平面竹编装饰小兔子，一起来看一下老师的示范。

1. 展示绘画材料。

2. 示范人字穿编法。

3. 规律小口诀：一组一组来，起头收尾难！下面我们具体来说一说每行的起头：第一行挑二，压二挑二压二……第二行挑一，压二挑二压二……第三行压二，挑二压二挑二……第四行压一，挑二压二挑二……

编织小窍门：

1. 编好的部分用双面胶及时固定。

2. 竹篾间排列得紧密一些。

师：色彩、方法、材质是我们设计穿编作品的重要元素。同学们在设计制作的时候，也要注意多种色彩的搭配。用不同的材质、不同的方法进行穿编，会产生不同的肌理效果。

师：下面请同桌小组合作，检查作品材料，共同完成竹编创意画。

（四）作业要求

1. 结合镂空卡纸，完成竹编创意画。

2. 可以采用十字穿编法或人字穿编法。

3. 进行简单的色彩搭配。

4. 竹篾排列须紧密。

（五）作品评价

师：请你结合以下三点对台上的作品进行适当的点评：

1. 颜色搭配和谐美观。

2. 竹篾排列须紧密。

3. 合理分工，配合默契。

（六）探寻竹篾的工序

师：同学们知道今天的主要材料竹篾是怎样制作出来的吗？竹篾的制作过程又叫作破篾，是学习竹编最基础的基本功，也是最难的，这一步的主要工序有选竹、分篾、分层、过剑门刀、过圆刀。

师：一根竹篾通常要三到四次处理才能够有绸缎般的光泽和丝滑。经过不断的切割与加工，竹子最终可以变成纤细的竹丝，甚至可以细如发丝。再通过不同的竹编技法，可以编出惟妙惟肖的艺术品，具有神奇独特的艺术效果和收藏价值，这需要前途无量的我们去发扬传承！

（执教者：吕金凤）

教 学 思 考

　　"穿穿编编"主题活动通过运用竹篾进行不同方法的穿编，结合镂空图案进行创意表现，为学生提供了富有创意和想象力的艺术实践机会。活动以学生所喜爱的饰物为创作对象，借助竹子等材料的特性进行编织等传统创新实践，创作出富有民俗风情的艺术作品。

　　通过这样的活动，学生不仅能够从中学习和掌握传统的编织技巧，还能够在创作中培养审美能力、艺术表达能力和创造力。而且在活动中，学生将有机会深入了解竹子的特性，探索其在艺术创作中的应用，从而提升对传统材料和工艺的感性认识。

　　此外，学生还将借助手工艺术的实践，深入挖掘并表现出具有地域特色和民间传统的艺术元素，丰富了对文化艺术的理解和感悟。这种跨学科的艺术实践不仅培养了学生的动手能力和想象力，还促进了他们对民俗文化的传承和发展的思考。

第二节　玩转"工创"

　　玩转"工创"意味着让学生在创意实践中发挥想象力和创造力，通过亲身实践来掌握技术和知识。在这个过程中，学生们可以从中体验到工程设计和制作的乐趣，将抽象的理论转化为具体的应用，从而培养工程思维和动手能力。这种以"玩"的方式来学习"工创"，不仅能够激发学生对创新的热情，也能够培养他们解决问题的能力和劳动意识。

　　"亲竹"工研坊的"工创"课程强调工程设计与制作的创意实践，为学生提供了探索竹材，进行工程设计与制作应用的机会。通过这一课程，学生们将在实践中培养动手能力、创造力和解决问题的能力，将理论知识转化为实际操作，完成自己的创意作品。这种将工程设计与创意实践相结合的教学方法旨在激发学生的设计潜能，让他们在实践中体验到创造的乐趣，并对工程设计制作产生更深刻的理解和热爱之情。

　　本课程从学生的生活出发，选择他们喜欢的小项目，并将其融入具体的创新实践中，使学生能够在实践中学习并掌握相关技术，为未来的创新实践奠定基础。本课程特别加强对学生工程思维的训练，培养他们将美创和方案转化为有形物品或对已有物品进行改进与优化的能力。这一过程不仅能够培养学生的实践能力，还能激发他们对劳动的热爱和对美的追求，从而提升学生的综合素质，促进他们的全面发展。通过这种方式，学生们将不再局限于理论设计，而是能够将自己的创意付诸实践，使之成为切实可行的作品，从而在实践中获得成长和收获。

教学案例 7-3：小竹竿，大创意

一、活动目标

1. 通过小组前期考察、探究，了解几种典型竹竿的外形特征、生长习性等等。

2. 让学生了解竹竿制品在生活中的广泛应用，启发学生的创意思维。

3. 学生能以小组合作的形式，集思广益对竹竿进行创意设计，并能利用手边的材料和工具进行创意制作。

4. 学生在创意制作的过程中感受到竹与生活的密切联系，激发对竹文化的兴趣。

二、活动重点

学生能以小组合作的形式，利用手边竹竿等材料和工具进行创意制作，服务生活。

三、活动难点

能根据竹竿的形态，在有限的时间内进行巧妙的创意设计。

四、活动准备

教师：ppt，长短粗细不一的竹竿、热熔枪、打孔机、麻绳、剪刀等制作材料。

学生：搜集竹竿相关知识，寻找生活中竹竿的应用。

五、活动过程

（一）承前启后，揭示课题

师：同学们，咱们"竹"力梦想，拔节生长的主题活动已经开展有段时间了，同学们根据自己的兴趣，成立各自的小组分别对竹子的鞭、笋、竿和叶进行深入研究，上节课"小竹笋，大美味"的素炒笋片的清脆爽口似乎还留在唇齿间，这节课呀，咱们一起来看看竹笋长大了又是怎样的一番景象，瞧，竹竿组的成员正在研究什么？

（二）小组汇报、分享交流

（三）小竹竿，形态多

生1：俗话说世界上没有完全相同的两片树叶，世界上也没有完全相同的两根竹子，它们的竹竿各异，有的还很奇特呢！你看这是我们拍摄到和查阅到的部分特殊的竹竿。（ppt呈现几种典型、特殊的竹竿）

（四）小竹竿，大奥秘

生2：竹竿不仅长得大相径庭，就连同一种竹子的竹竿也各有特色呢！你们也来摸一摸这两根竹竿，它们是同一种竹子，你能发现它们的区别吗？

生3：这根竹竿表面有白色粉末状的东西，另一根则没有，好奇怪！

生2：哈哈，我们组员也发现了并且立即去查了资料，才知道了其中的奥秘：原来这白色的粉末是新生竹子为了减少水分蒸发、防止病虫的侵害，在表面沉积的一层蜡质，而随着年龄增长，老竹子不再需要这种蜡质，原有的粉末也会随着风雨消失不见了。所以知道了这个奥秘，你一定能很快判断出这两根竹子谁的年龄更大了吧！

生1：但是我们组还有一个疑惑，我们记录了三种竹子从笋到竹的生长数据，对比了笋和竹的数据，发现竹笋节数和竹竿节数是一样的，而且同一节的竹笋周长和竹竿周长也是差不多的。

生2：这到底是巧合还是规律呢？

生1：我们也想知道，就去请教了薛老师。

师：科学性的问题，老师也要请教更专业的研究人员呢！有了南京林业大学竹类研究所的专家给的答复，咱们就可以把猜测变为事实。

生1：竹笋有多少节，长大后的竹竿就有多少节，竹笋有多粗，长大后的竹竿就有多粗！

生2：太神奇了，咱们也回去和组员整理整理数据，说不定有更惊人的发现呢！

师：感谢竹竿组带来的"小竹竿，大奥秘"。期待你们更多的发现。

（五）小竹竿、用途广

师：小小的竹竿，奥秘多多，小小的竹竿，用途也大着呢！你们看这几样物品，大家想一想它们对我们的生活发挥了怎样的作用呢？

1. 竹竿摆件（引出装饰）。

2. 竹筒花盆（引出用具）。

3. 竹高跷（这是竹高跷，别看它做工简易，活动课上它带给同学们的乐趣可大着呢！引出娱乐）。

师小结：小小的竹竿，可以给我们的生活带来美丽，带来方便，带来快乐。

那平平无奇的小竹竿是怎么变成这么丰富多彩的呢？

师：同学们再仔细观察，小组讨论，这些创意作品的主要制作方法有哪些？（小组观察实物，讨论出方法）比如它，主要用了什么方法？（切割挖孔、拼接黏合、装饰美化）

师总结：是的，用好这些方法，小小的竹竿就可以变成这样（竹创意造型花瓶），变成这样（竹创意风铃），变成这样（竹书架）……可是老师觉得这里并不是应有尽有，因为还缺少你的"金点子"。现在我就正式代表竹竿组邀请大家一起加入"小竹竿，大创意"活动。（揭示小课题）小组内，对竹竿进行创意设计，并选取材料进行制作。对照评价标准——作品设计是否有创意、作品是否具有实用性、制作是否精美，小组代表将你们的票投给相应的组，如果你的作品名称或寓意与梦想、成长有关，老师会额外投你们一票，票数最多的小组将正式加入竹程小学小小竹研社，将有机会和南林大的博士哥哥姐姐们一起去竹林里探索新奥秘呢！（板书评价标准：创意、实用、精美）

（六）小竹竿，大创意

1. ppt 呈现小组活动温馨提示。

师：大家心动吗？心动不如行动，希望老师的小提醒能助你一臂之力，请大家一起读一读——"分工合作，人人参与；结合材料，勇敢创意；轻声讨论，不扰他人；音乐停止，活动结束"。

师：如果你在制作的过程中需要用到打孔机，可以事先在需要打孔的地方做上记号，这样会更加精准、方便。当然大家使用热熔枪和打孔机时一定要注意安全。接下来时间就留给你们吧！

2. 小组合作，完成创意制作（见表7-2）。

表 7-2 好"竹"意创意设计表

( ) 小组 好"竹"意创意设计	
组长	
组员	
作品名称	
设计草图	

3. 作品展示，小组互评。

创意：创新竹娃卡。

实用：智慧竹娃卡。

精美：健美竹娃卡。

4. 为得卡最多的小组颁发小小竹研究社聘书。

（七）课后延伸，课堂总结

同学们课后还可以继续思考，给竹竿加入更多创作元素，制作出更多有创意的精美作品。小竹竿等着你的大创意哦！老师也很期待下一次竹叶组给我们带来的全新体验！

板书设计：

"竹"力梦想，拔节生长

小竹竿，大创意

装饰　挖 拼 装

评价标准　竹笋 1　竹笋 2 竹竿 1 竹竿 2 竹叶 1 竹叶 2

　　　　　孔 接 饰　　　创意

用具　切 粘 点　　　实用

　　　割 合 缀　　　精美

　　　　　　　　　　娱乐

（执教者：薛梅）

 活 动 思 考

　　学生们在本活动中能够在竹竿摆件、竹筒花盆和竹高跷等创意设计和制作活动中展现无限的创造力和想象力。通过小组合作的形式，学生可以在集思广益的过程中，学会与他人合作、沟通和协调，培养团队精神和合作能力。

　　在此过程中，学生们能够发挥想象力，在有限的条件下运用材料和工具，创作出令人惊艳的作品。这些创意设计和制作活动不仅让学生们体验了"工创"的魅力，也促使他们将理论知识转化为实际操作，从而掌握技

术和知识。通过这样的实践经验，学生们能够更好地理解课堂学习内容，并将所学知识运用到实际生活中。这种融合理论与实践的学习方式有利于激发学生的学习兴趣，提高他们对知识的理解和应用能力。

教学案例7-4：小竹娃，大智慧

一、活动目标

1. 搜集竹笋相关美食，感受竹笋的食用价值。

2. 让学生了解竹竿制品在生活中的广泛应用，启发学生的创意思维。

3. 学生能以小组合作的形式，大方介绍关于竹竿的各种创意设计，利用手边的材料和工具进行创意制作。

4. 学生在与竹编艺人的互动中，体会竹编的工匠精神，感受竹编这一传统工艺的魅力和价值。

5. 学生在探究的过程中感受到竹与生活的密切联系，激发对竹文化的兴趣。

6. 能根据活动的情况对自己和他人的表现做出公正合理的评价。

二、活动重点

1. 让学生了解竹竿制品在生活中的广泛应用，启发学生的创意思维。

2. 学生能感知竹文化的丰厚底蕴，感受竹编传统工艺的价值和魅力，并坚定弘扬和传承这一非物质文化遗产的决心和信心。

三、活动难点

1. 让学生了解竹竿制品在生活中的广泛应用，启发学生的创意思维。

2. 学生能感知竹文化的丰厚底蕴，感受竹编传统工艺的价值和魅力，并坚定弘扬和传承这一非物质文化遗产的决心和信心。

四、活动准备

教师：ppt，长短粗细不一的竹竿、热熔枪、打孔机、麻绳、剪刀等制作材料。

学生：观察记录数据；活动过程中的图片、视频；网络查阅相关知识，寻找生活中竹的广泛应用；活动中制作好的创意竹节用品和竹编作品。

五、活动过程

（一）承前启后，揭示课题

师：同学们，咱们"竹"力梦想，拔节生长的主题活动开展已经有段时间了，同学们根据自己的兴趣，成立各自的小组，分别对竹的笋、竿、叶以及竹篾开展了进一步探究。大家都是兴致勃勃而去，收获满满归来。我建议，咱们来一场竹创作品友谊赛，获胜组将获得今天的超级大创意竹娃卡。当然，要想获得大家的青睐，你的临场表现也很重要，老师这里就有拉票小秘诀，请一位同学读一读：自信分享，说体会；认真倾听，学经验。

师：好的，孩子们，分享你们的智慧成果吧！

（二）小组汇报、分享交流

（三）竹笋组：小竹笋，大美味

生1：说到这个"笋"字，你脑海里蹦出的第一个词是什么？

生2：素炒笋片！生3：竹笋腊肉！生4：油焖春笋！生5：丰富！

生1：好吃吗？

生2：清脆爽口！生3：口感鲜嫩！生4：肉质紧凑！生5：美味！

生1：吃完呢？

生2：健脾胃！生3：促消化！生4：去积食！生5：舒畅！

生2：高蛋白！生3：低热量！生4：少脂肪！生5：苗条！

生2：清肺热！生3：调血压！生4：益气血！生5：健康！

生1：没错，我们组发现竹笋做法丰富多样，可炒、可烧、可凉拌、可煲汤……不仅吃起来清脆爽口，更重要的是营养丰富，这正符合我们现代人的追求，所以我们决定研究舌尖上的"笋"味！今天我们给大家带来了一道"胸有成竹"！大家想知道它们的庐山真面目吗？（生：想！）别急，听听我们的创作思路，你就明白了！

生2：当时，母亲节快到了，我们商量用竹笋做一道好吃又有创意的菜，收到这样特别的礼物妈妈一定非常高兴。

生3：首先，我们投其所好，了解各位妈妈的口味喜好，交流之后发现，共同爱吃的菜就是宫保鸡丁。（小组商讨照片）

生4：我们上网查询关于竹笋的资料，发现它可以中和肉类中的油腻，吃起来口感更好。我们开始选取食材。（呈现小组制定、填写好的表格）（见表7-3）

表7-3 舌尖上的"笋"味食谱

舌尖上的"笋"味	
菜名	
主要食材	
搭配食材	
烹饪方法	

生1：我们照着菜谱上宫保鸡丁的做法，保留鸡胸脯肉，用竹笋代替花生米，并取名为"胸有成竹"！（图片呈现炒出的菜）

生3：激动的我们先尝为快，一个字——苦！是哪个环节出错了呢？

生2：我们去请教大厨吧！（播放采访食堂阿姨的视频）

生3：原来如此。这回我们真的"胸有成竹"了！（端出第一道菜，请同学们品尝）

师：味道确实不错！感谢竹笋组的分享！在食堂大厨的指导下，我们的小厨师们真正做到了胸有成竹，做好了"胸有成竹"！咱们为这份有爱、有心的母亲节礼物鼓掌！小竹笋包含大美味，小竹竿又会蕴含着怎样的大创意呢？有请竹竿组。

（四）竹竿组：小竹竿，大制作

生1：同学们吃完菜渴不渴？我们准备了水！（拿出粗竹竿制作的茶壶和茶杯）哪位同学需要？（一同学喝）味道怎么样？是不是有股清香味？这可要归功于纯天然的煮茶壶呢！经过切割、打孔的竹竿不仅适合做茶壶、茶杯，还可以做成蒸饭、蒸蛋的厨具，做出来的饭菜可香了。

生 2：没错，粗细不一的竹竿，加入创意，还会有更多的精彩。

生 3：我们先是在组内进行集思广益的讨论，确定了我们创意的方向，可以是装饰品、生活用品，也可以是休闲娱乐的玩具。（呈现小组讨论单）

生 4：我们尝试了几种容易操作的制作方法——打孔、切割，就做成了刚刚实用的茶壶、竹筒等等。这里给大家演示一下打孔机的使用方法。

生 5：为了保证安全，大家一定要先戴好护目镜和防护手套，还可以在要打孔的地方用笔做上记号，这样打起孔既精准又方便。（现场演示打孔机使用技巧）

生 6：我们还可以根据设计，把竹竿进行拼接、捆扎，做出可爱、独特的造型。比如这只小螃蟹和小车就是我们非常喜爱的作品。

生 1：再利用一些生活中常见的材料做装饰和美化，那可是点睛之笔，让我们的作品美貌和智慧并存了！

师：为智慧的创作者们鼓掌！竹竿组的考虑确实非常周到，有吃有喝有玩，而且还能吃出新意，喝出创意，玩出技术。说到技术，竹叶组似乎也带来了新伙伴，有请竹叶组。

（五）竹叶组：小竹叶，大创意

生 1：我们组这次是组团参赛了，先给大家介绍下我们的团队！（ppt 呈现组员简介）我们根据每个人的特长，进行了合理的分工。创意总监孙树恒，思维活跃，有很多奇思妙想；艺术总监李思琦，从小学习画画，由她来负责绘画部分；制作总监侯冬雪，心灵手巧，擅长手工制作；后勤保障王昱栋，吃苦耐劳，及时采集需要的竹叶，准备各种制作材料。下面就由我们的幕后团队来一场竹叶秀，给大家一一展示作品。

师：老师想采访一下制作总监，你们小组在整个过程中有没有遇到什么困难？

生 2：我们当时最大的难点就是竹叶采集下来之后，很快就会卷起来，不服帖。（ppt 呈现竹叶卷边、制作失败的照片）

师：那我看你们的作品上的竹叶还是挺平整的，有什么小妙招教教大家？

生 2：我们可以把竹叶压在书本里，放上几天，给竹叶定型，如果时间比较急，还可以像妈妈熨衣服一样用电熨斗稍微熨一下，我们试过，效果很好。

师：真是生活的有心人，不仅善于观察，还能融会贯通，掌声送给竹叶组。

面对心灵手巧的竹叶组，竹篾组你们还有信心吗？

（六）竹篾组：小竹编，大传承

小组两成员跟着篾匠师傅编制竹编香囊。

生1：我们信心十足。我们组绝对是慢工出细活，每一道工序都需要反复练习，比如把坚硬的竹竿劈成柔韧的竹篾就是一个极其考验技术的活。陈爷爷，您能给我们再演示一下吗？

生2：陈爷爷，您是多大开始学竹编的呢？

陈爷爷：……

生2：为什么我们练习了这么久，还是劈不好呢？

陈爷爷：……

生2：我明白了，爷爷您熟练、精湛的手法，是几十年的不断练习练出来的，我们也要像您一样坚持去做。

生3：虽然劈篾的技术还远远不够，但在爷爷的细心指导下，我们学会了好几种基础的编织方法——挑一压一法、三角孔编法、六角孔编法等等（小组成员用相应的编法编出的半成品展示在黑板上）。当然，我们传统技艺也要有创意。端午节快到的时候，我们组特意编制了可以驱蚊防虫的竹编香囊（ppt 呈现竹编香囊药包），送给大家，祝大家幸福安康！虽然我们的作品还不算精美，但我们相信，只要我们坚守这份精益求精的工匠精神，我们就是未来的陈爷爷！

师：同学们自发的掌声就是给你们最大的肯定，你们的自信不仅是我们敬爱的陈爷爷给的，更是我们优秀传统工艺竹编给的。我想这就是民族文化的自信吧！

师：接下来，就要看创新竹娃卡会花落谁家了。大家把手中的票投给你最喜欢的创意组！让我们的竹子破土而出，拔节生长！

为得卡最多的小组颁发竹娃卡。

师：首先祝贺……组。我们想听听你们组的获奖感言！

生：我想我们组能获票最多还是归功于……

师：老师想采访一下这位同学，你把票投给哪个组了？为什么？

生回答。

六、课后延伸，课堂总结

这段时间的探究、实践，让我们对竹又增添了许多亲切感，它不仅是舌尖上的美味，更是指尖上的技艺，希望通过你们的力量，越来越多的孩子都能积极探究、勇于创新，越来越多的人能坚守匠人心，传递技艺美！

（执教者：薛梅）

 教 学 思 考

　　通过此活动，学生将在竹材工程设计与制作的实践中，培养动手能力、创造力和解决问题的能力，同时将理论知识转化为实际操作，完成属于自己的创意作品。

　　舌尖上的"笋"味活动将学生引入竹笋美食制作的乐趣中，培养了学生对食物烹饪的兴趣和动手能力。粗竹竿制作茶壶和茶杯的活动以及编制竹编香囊的活动，则着重培养学生的工程设计与手工制作能力，让学生在实践中发挥想象力和创造力，探索竹材的多样性用途。

　　这种综合性的学习方式不仅能够增强学生的动手能力，还能激发他们的创造性思维和解决问题的能力。通过完成自己的创意作品，学生们将获得实践经验和成就感，从而激发对工程设计与制作的热情和兴趣。

第三节　赋能“研创”

　　“亲竹”工研坊创意课程中的“研创”意指学生通过创造性科学探究实践来培养独立思考、问题解决和创新能力。在这个课程中，学生将有机会运用所学的科学知识和实验技能，通过实际的科学探究实践，进行创造性的探索和实验，从而培养解决实际问题的能力。通过“研创”，学生们将在实践中体验科学探究的乐趣，同时也能够培养批判性思维和创新意识，为他们未来的学习和职业发展奠定坚实基础。

　　“研创”是从身边竹子与生活中发现问题，引导学生选择主题进行探究性学习，并完成小论文、小报告或提出小建议，旨在培养他们解决问题的能力。通过这一过程，学生将学会观察生活中的现象，提出问题，进行调查研究，并最终给出建议或解决方案。例如，学生可以选择研究竹子的特性及其在生活中的应用，或者调查了解竹子的生长环境和生长特点，从中探索竹子在日常生活和工程设计中可能存在的问题。

　　在“研创”过程中，学生将学会如何测量记录物体特征，及时发现和记录竹子生长过程中的变化，学习使用工具和设备进行实验和观测，并将观测数据转化为有意义的信息和结论。通过这样的探究学习，学生不仅能够学会科学测量、数据分析的基本技能，同时也能够培养对细节的关注和分析能力。

　　此外，“研创”还鼓励学生着手解决现实生活中的小问题，例如在学校或社区中利用和保护竹子，通过实际行动推动生态环境的改善，让学生从中体会到解决问题的乐趣和成就感。这种实践能够不断拓展学生的社会思维和综合素养，培养他们的责任感和社会意识。

通过"研创"的种种实践，学生将在探索中丰富自己的知识储备，提高综合素养，尤其是培养解决问题的能力，为其未来的学习和职业道路打下坚实的基础。

赋能"研创"意味着为学生提供资源和机会，激发他们的独立思考、创新意识和实践能力。通过鼓励学生进行科学探究实践，并提供切实的支持和指导，可以帮助他们在实践中不断探索和实验，从而培养他们的科学探究能力和创造性思维。赋能"研创"不仅需要提供实验设备和资源，更需要给予学生自主选择课题和方向的空间，让他们在实践中有更多的自由度和发挥的余地。通过这样的赋能，"研创"将成为学生自我成长和发展的重要途径，同时也能够为他们未来的学习和职业探索打下坚实的基础。

活动案例7-1：登山"野道"对紫金山毛竹林土壤理化性质的影响

一、研究目的

随着森林旅游业的发展和人们健身需求的加大，城市森林公园中由登山者自行开辟的"野道"对风景林土壤的负面影响越来越大。本研究从土壤理化性质指标入手，探讨登山野道对紫金山毛竹林土壤生态系统的影响。

二、调查过程

我们选取紫金山公园内登山游客较多、人为活动干扰较大的一条"野道"作为研究对象。在海拔分别为145米、215米的坡脚、坡腰2个位置以及在距离登山野道水平距离1米、5米的2个地方，挖取土壤剖面，分0～10厘米、10～30厘米、30～50厘米3个层次采集调查样品。在南京林业大学杨东博士的指导下，我们按照《土壤物理性质测定法》和《土壤理化分析》中的操作方法和步骤进行。

三、调查结果

（一）土壤密度

土壤密度是评价土壤结构、透气性、透水性以及保水能力的重要指标。土壤越紧实，密度越大；土壤越疏松多孔，密度越小。本研究对选取的坡脚（海拔145米）、坡腰（海拔215米）2个地段的样地进行土壤采样，室内分析后，制作土壤密度分析表（见表7-4）。

从表7-4可以看出，林地土壤密度从上到下逐渐变大；对于同一土壤剖面层，距离野道越远，土壤密度越小。在土壤剖面层深度和距登山野道距离相同的条件下，坡腰、坡脚的土壤密度排序为：坡腰＞坡脚。

现场踏查发现，距离登山野道越远，人为干扰就越少，而坡腰地段是登山游客休息活动较多之处，客流量较大，人为踩踏等导致土壤板结严重。

表7-4 土壤密度分析

海拔 /m	土壤剖面层深度 /cm	土壤密度 / (g/m³)	
		距野道 1 m	距野道 5 m
145(坡脚)	0 ~ 10	1.29	1.26
	10 ~ 30	1.31	1.38
	30 ~ 50	1.47	1.42
215(坡腰)	0 ~ 10	1.49	1.32
	10 ~ 30	1.79	1.36
	30 ~ 50	1.56	1.43

（二）土壤有机质含量

土壤有机质是指存在于土壤中的含碳的有机物质，包括各种动植物的残体、微生物体及其分解和合成的各种有机质，对土壤形成、土壤肥力等方面都有着极其重要的作用。一般来说，土壤有机质越多，土壤肥力越高，反之土壤肥力越低（见表7-5）。

表7-5 土壤有机质含量分析

海拔 /m	土壤剖面层深度 /cm	有机质含量 / (g/kg)	
		距野道 1 m	距野道 5 m
145(坡脚)	0 ~ 10	36.67	38.55
	10 ~ 30	31.08	32.08
	30 ~ 50	29.33	29.91
215(坡腰)	0 ~ 10	40.31	43.2
	10 ~ 30	38.71	39.5
	30 ~ 50	32.26	33.29

从上表可以看出，土壤有机质含量随土层深度的增加而减少；同一土壤剖面层，距野道距离越远，土壤有机质含量越高。在距登山野道距离相同的情况下，土壤平均有机质含量在不同坡位的排序为：坡脚＜坡腰。由此可见，随着踩踏等人为活动减少，表层枯落物数量逐渐增大，土壤相对疏松肥沃，土壤有机质含量变高。

四、结论与建议

（一）结论

据统计，在紫金山国家森林公园，被游客"踩"出的登山野道有 300 多条，造成水土流失严重、林地土壤理化性质恶化，近年来已引起风景区管理部门高度重视，他们采取环保教育劝导、生态野道修复、森林执法巡查等一系列手段加强管理，治理野道带来的生态问题。

（二）建议

为了减少登山野道对紫金山毛竹林土壤的负面影响，建议采取以下两方面措施：

1. 加强"野道"管理。将登山游客多、地形适合的"野道"改造为"官道"，将水土流失严重区域的野道逐步封闭，同时通过补植树木等方式对这些地段展开生态修复，以减小登山踩踏林地土壤造成的负面影响。

2. 加强宣传引导。通过挂宣传标语、设置登山提示牌等开展生态环保宣传活动，引导游客不走"野道"，呼吁广大市民保护生态、文明登山。

五、收获与体会

刘雨宸："习爷爷说得太对了，金山银山不如绿水青山，环境保护太重要了。"

龚天赐："这次在南林大博士和研究员的带领下，我们去了南京林业大学的竹类研究所，还体验了实验过程，太酷了！"

刘宝俊："我们的小小团队也成了一家人。"

杨杰："哈哈！紫金山坡高路远，没有体力可不行哦！"

教 学 思 考

这次活动从探究性学习的角度出发，引导学生选择"登山'野道'对紫金山毛竹林土壤理化性质的影响"作为研究主题，旨在培养学生发现问题、解决问题的能力。通过这一过程，学生不仅可以深入了解登山旅游活动对环境的影响，还能探究土壤生态系统的复杂性，培养自主探究和分析问题的能力。

在这次活动中，学生们率先观察并认识到城市森林公园中由登山者自行开辟的"野道"对风景林土壤的负面影响。通过调查研究和实地考察，他们深入分析了土壤理化性质指标和野外登山活动对毛竹林土壤生态系统的影响。在探究过程中，学生们积极开展数据收集、实验分析等活动，逐步掌握研究方法和技巧，深化了对土壤生态系统的认识。

活动案例 7-2：校园竹笋退笋率的调查

一、实验原理

竹笋出土后，生长到一定高度而死亡的现象称为退笋现象。退笋与多种原因有关，例如营养不足、气候不良（干旱、低温）和病虫危害等，但母竹、竹鞭和笋芽的生长状况是引起竹类退笋的主要因素，因为竹笋从笋芽萌动分化，一直到开枝、发叶、生根前所需的营养物质，几乎完全依靠母竹及竹鞭供给。母竹生长不良，养料不足，竹鞭年龄过老或分布过深、过浅，笋芽发育不良等都会导致退笋。退笋率＝退笋数／总出笋数 ×100%。

二、实验目的及要求

1. 了解竹笋的退笋现象及原因。

2. 培养学生的动手能力和探索知识的能力。

三、实验仪器

米尺、绳、笔记本、笔

四、实验步骤

1. 设置 1 米 ×1 米的样地，统计校园内三个竹种（满山跑竹、乌哺鸡竹和人面竹）样地内发笋数量及当天高度。

2. 每隔三四天，学生自行记录各样地内竹笋的高度，进行后续比较（见图7-3、图7-4）。

3. 实验结果计算及比较（见图7-5）。

图7-3 学生记录样方内竹笋生长情况

图7-4 学生定期收集样方内竹笋生长数据

图7-5 学生在老师的带领下比较实验

活 动 思 考

通过这次实验，学生们发现不同竹种对退笋现象的反应可能存在差异。满山跑竹、乌哺鸡竹和人面竹在相同环境下的生长情况会有所不同，可能受到其基因、适应能力等因素的影响。同时，我们也发现了营养供给、气候条件等对植物的生长具有重要影响。未来我们可以进一步探究不同因素对竹笋生长的影响，以更深入地了解竹类植物的生长规律。

这次实验也培养了学生的观察能力和动手能力，让他们通过亲身实践去探究知识，培养了他们的科学探究意识和动手能力，这对他们今后的科学学习和生活具有积极的意义。

第四节　智慧"E创"

　　"亲竹"工研坊创意课程中的"E创"强调基于新技术的创意实践，旨在引导学生在科技创新领域展开探索和实践。以竹子为基础材料，让学生综合运用各门学科知识与能力，学习从简单的电路设计与连接技术走向智能制造技术，进行创意实践。通过这一过程，学生将在竹子这一传统材料的运用上获得全面锻炼，从而实现传统赋予现代的目标。从竹子的加工利用到电路设计和智能制造技术的应用，学生将深入探索材料科学、工程技术、电子学等多个领域的知识，培养跨学科的综合能力和创新意识，从而在实际的创意实践中获得深刻的体验和成长。

　　学生将有机会利用最前沿的科技工具和平台，例如人工智能、大数据分析、虚拟现实等，来进行创意实践和项目设计。通过对竹子这一传统材料赋予新的科技功能，学生也将逐渐领会传统与现代的融合与创新。这种体验不仅加深了他们对传统文化的理解和尊重，同时也激发了他们对现代科技的探索和热爱之情，并引导他们将这种热情转化为解决现实问题的动力。

　　同时，通过基于新技术的创意实践，学生将学会如何运用科技工具解决实际问题，并在团队合作中培养沟通、协调和领导能力。"E创"也将为学生提供一个开放的平台，让他们能够通过跨学科的交叉融合，将创意与科技完美结合。这样的切身体验将使学生从心底热爱创意探索和科技发展，并为未来的学习和职业发展奠定坚实基础。

活动案例 7-3：漂亮的灯——竹宫灯

一、活动目标

1. 引导学生查阅资料收集关于宫灯的文化历史。

2. 了解宫灯的代表设计样式、组成结构，探讨任务分工。

3. 在宫灯制作过程中，引导学生完成外形设计、激光雕刻、绘画装饰、骨架设计、连接，合作完成宫灯作品。

4. 分析制作过程中出现的问题，提出解决方案，总结出可实施的最佳方案。

5. 培养学生的问题意识、组织能力、审美能力，也使学生在生活中学会爱护民间艺术，关注民俗文化，增强对民族文化艺术的自豪感。

二、主题活动涉及学科（见表 7-6）

表 7-6 "竹宫灯"主题活动涉及学科列表

活动的具体环节	涉及学科	涉及该学科中何知识点
外形设计	艺术、数学	构图造型、色彩搭配、比例设计
制作、拼搭灯架和提手	艺术、数学、工程、技术	美学造型、力学、比例分配
激光雕刻灯面	艺术、工程、技术	美学造型、力学
美化装饰	艺术	美学造型
智能化创意	艺术、科学、信息技术	编程

三、主题结构流程图

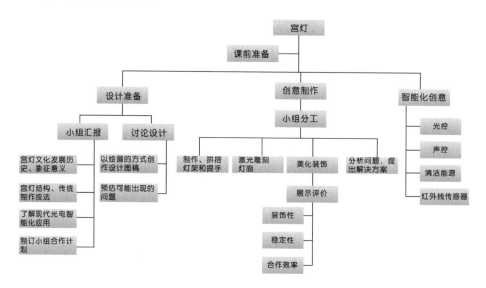

四、学习过程

1. 第一课时

表 7-7 第一课时内容列表

教学环节	学生活动过程设计	教师指导要点设计	设备器材应用
一、课前任务	1. 了解项目任务，分组查找资料； 2. 了解宫灯文化发展历史和象征意义； 3. 了解宫灯结构、传统制作技法； 4. 了解现代光电智能化应用； 5. 制订小组合作计划	制定课程导学任务清单，进行上课地点、上课时间段、器材、课程内容的准备等，引导学生对课程项目有初步认识	紧凑型车间用吸尘器、台式二段变速曲线锯、热熔胶枪、台式切断机、笔记本电脑、开源套件
二、工程情景	观看ppt，了解宫灯的人文历史	以汉字"豆"的演变导入课题	

续表

教学环节	学生活动过程设计	教师指导要点设计	设备器材应用
三、工程任务	1. 交流、分享宫灯的"前世今生"的发展； 2. 学习宫灯结构、传统制作技法； 3. 了解现代光电智能化应用； 4. 制订小组合作计划	1. 教师小结宫灯文化的发展史和象征意义； 2. 教师总结宫灯基本结构，提出宫灯制作的基本要求； 3. 教师小结现代光电智能化应用在宫灯应用领域的可操作性； 4. 分析基本结构，讨论小组方案	
四、工程任务分析	1. 了解传统宫灯制作技法； 2. 以绘画的方式设计宫灯草稿； 3. 预估可能出现的问题	总结分析	

2. 第二课时

表 7-8 第二课时内容列表

教学环节	学生活动过程设计	教师指导要点设计	设备器材应用
制作、拼搭灯架和提手	根据图稿在竹编艺人的指导下选材、劈竹、弯竹、削竹、连接	讲解、指导学生制作宫灯骨架	酒精灯、篾刀、台式砂光机、剪刀、紧凑型车间用吸尘器、台式二段变速曲线锯
激光雕刻灯面	在教师的指导下操作激光雕刻机，创意雕刻灯面	通过视频讲解，引导学生学习创意雕刻、连接灯面和灯架，以及安全使用工具	笔记本电脑、桌面式激光雕刻机、木工坊多功能刻字机
彩绘装饰	构图、涂色、修饰	指导学生创意添画	丙烯颜料、水粉笔、调色盘、勾线笔等
展评	展示评价	组织学生从装饰性、实用性、合作效率等方面评价作品，教师总结	

3. 第三课时

表 7-9 第三课时内容列表

教学环节	学生活动过程设计	教师指导要点设计	设备器材应用
智能化创意	结合本组的宫灯作品，运用电脑编程将创意智能化	引导学生将传统宫灯与现代化声控、光控、红外线传感器等智能元素巧妙结合，创想传统宫灯的今生传奇	笔记本电脑、开源套件
灯展	分享制作心得，展示评价	分享制作心得，展示评价，组织学生从实用性、装饰性、创意性等方面进行评价，教师总结	

4. 加工工具

表 7-10 加工工具列表

序号	装备名称	数量	作用
1	台式二段变速曲线锯	1	切割灯面竹片
2	台式砂光机	8	竹棒打磨
3	充电热熔胶枪	8	宫灯骨架衔接
4	开源套件	8	智能化应用
5	辅助工具组套	8	加工辅助材料
6	精密台虎钳	8	固定
7	木工坊多功能刻字机	1	灯面雕刻、装饰

5. 仪器设备

表 7-11 仪器设备列表

序号	材料名称	数量	单位	作用
1	笔记本电脑	9	台	教学共享、编程设计
2	木工演示台	1	张	教师演示、示范教学
3	紧凑型车间用吸尘器	2	台	竹屑等吸除

6. 重点耗材

表 7-12 重点耗材列表

序号	材料名称	数量	单位	作用
1	竹片	70	块	宫灯制作原材料
2	绳子	10	根	

7. 学习资源

表 7-13 学习资源列表

序号	资源名称	资源格式	作用
1	图片欣赏	ppt 文档	让学生更好地了解竹书签
2	竹工艺加工方法及技巧	ppt 文档	让学生了解竹工艺的加工方法及安全注意事项
3	竹工艺品的装饰及美化	ppt 文档	为学生提供参考学习资源

 〈活〉〈动〉〈思〉〈考〉

　　这项活动在整合多门学科知识与能力的同时，将学习从简单的电路设计和连接技术逐步拓展至智能制造技术，并倡导科技与艺术的融合。

　　在活动中，学生通过跨学科的学习和实践，实现了科技与艺术的融合。他们从简单的电路设计逐渐拓展至智能制造技术，这不仅拓宽了他们的知识视野，还培养了他们的创造力和实践能力。通过创意实践，学生得以将所学知识运用到实际中，加深了对学科知识的理解和应用。

　　此外，活动还为学生提供了一个综合性的学习平台，让他们能够跨学科地思考和解决问题，促进了他们的创新思维和团队合作能力的提升。在活动进行过程中，学生得以将理论联系实际，实现了科技与艺术的结合，并在实践中感受到了创意和科技的魅力。